8.50

G000077756

GUILLAUME APOLLINAIRE

L'Enchanteur pourrissant

ILLUSTRÉ
PAR ANDRÉ DERAIN

suivi de

Les mamelles de Tirésias

et de

Couleur du temps

TEXTE ÉTABLI ET PRÉFACÉ
PAR MICHEL DÉCAUDIN

GALLIMARD

L'Enchanteur pourrissant, *qui est à la fois le premier livre signé par Apollinaire, le premier livre illustré par André Derain et le premier livre édité par Henry Kahn-weiler, parut à la fin de 1909.*

Le bulletin de souscription contenait ce texte de présentation, dû à la plume de notre poète :

Plein d'idées toutes neuves et saisissantes dont l'affabulation philosophique n'a d'analogue dans aucune littérature, *L'Enchanteur pourrissant* de Guillaume Apollinaire est un des livres les plus mystérieux et les plus lyriques de la nouvelle génération littéraire.

Cette œuvre, dont les racines s'étendent très loin, jusqu'aux profondeurs celtiques de nos traditions, a trouvé dans André Derain son illustrateur.

Le plus précis réformateur de l'esthétique plastique a gravé sur le bois des images, des lettrines et des ornements qui font de ce livre une pure merveille artistique.

Intimement liée à l'invention de l'imprimerie, la gravure sur bois est celle dont le style se marie le plus heureusement à l'aspect d'un feuillet imprimé, mais sa tradition typographique s'est vite perdue pour se confondre en quelque sorte, depuis le xixe siècle, avec celle de la gravure sur métal.

Rappelons que le premier ouvrage imprimé en caractères mobiles et illustré de gravures sur bois était intitulé : *Lettres d'Indulgences* et date de 1454.

On connaît peu de livres où l'accord des génies de l'auteur et de l'artiste apparaisse mieux que dans *L'Enchanteur pourrissant.* Cette harmonie, qui a fait en grande partie le prix de la fameuse édition aldine du *Songe de Poliphile,* les bibliophiles n'ont pu la constater que trop rarement.

Le goût des belles éditions paraît revenir. L'éditeur bibliophile, Henry Kahnweiler offre aujourd'hui aux amateurs d'art et de lettres un livre, qui réunit à l'attrait littéraire et artistique celui d'une typographie que l'on s'est efforcé de rendre irréprochable.

Le tirage était de cent exemplaires (plus six hors commerce) ; encore n'en vendit-on pas cinquante en cinq ans. Et ce livre, qui devait devenir par la suite une rareté bibliophilique très recherchée, n'en resta pas moins pendant des années l'œuvre maudite d'Apollinaire. Il n'y eut en effet qu'une seule réédition en 1921 [1] *; après quoi, il fallut attendre un demi-siècle pour que* L'Enchanteur pourrissant, *qui, entre-temps, avait naturellement figuré dans les* Œuvres complètes *publiées à tirage limité en 1965-1966* [2]*, sorte enfin de l'occultation. Et, cette fois, avec éclat, puisque le lecteur dispose maintenant, non seulement du présent volume* [3]*, mais d'une reproduction de l'originale* [4] *et d'une édition critique aux commentaires minutieux et pénétrants, qui éclaire sa signification et lui restitue sa pleine valeur* [5]*.*

1. Éditions de la N.R.F. ; reproduction aux deux-tiers des bois originaux de Derain.
2. Éditions Balland-Lecat, 4 vol.
3. Qui donne les bois de Derain les plus caractéristiques.
4. Éditions des Peintres du Livre, 1971.
5. *L'Enchanteur pourrissant,* édition établie, présentée et annotée par Jean Burgos, éditions des Lettres modernes, 1971.

Car le procès souvent fait à cette œuvre de jeunesse doit être révisé. Conçue, sinon en partie écrite, dès 1898, elle parut pour la première fois de mars à août 1904 dans Le Festin d'Ésope. Apollinaire s'est inspiré de la légende de Merlin, de sa naissance illégitime, de ses pouvoirs magiques, de son amour pour Viviane et de son emprisonnement — son « enserrement » — au cœur d'une forêt, telle qu'il l'a trouvée dans la littérature médiévale et, au XIXe siècle, chez Quinet ou La Villemarqué. Mais il a chargé ces thèmes traditionnels de ses interrogations juvéniles sur la vie et l'amour, de ses premières amertumes, de sa confiance aussi dans les sortilèges de la poésie, et il imagine, comme l'a bien montré Jean Burgos, une « Bible à l'envers », négation et dérision de la vraie

Devant le tombeau où la femme « décevante et déloyale » a enfermé Merlin viennent pour la célébration d'un « Noël funéraire » des êtres possesseurs d'une vaine science magique, faux rois mages, vieux druides, fées grotesques, des femmes qui surent séduire et tromper, Médée, Dalila, Hélène, auxquelles se joint l'illusoire et équivoque Angélique, des animaux, réels ou mythiques, voués à la disparition, le monstre Chapalu, l'ichtyosaure, Léviathan, Béhémoth et les sphinx qui veulent mourir volontairement, d'autres qui ont apparence humaine, de paradoxaux fondateurs de villes, Cadmus et saint Siméon Stylite, des hommes qui n'ont pas connu la mort, Énoch, Élie, le Juif errant, des sages comme Salomon et Socrate aux aphorismes inattendus. Tous, dans leurs cris, leurs lamentations ou leurs railleries grinçantes, préparent les derniers mots qu'échangeront l'Enchanteur et la Dame du lac : homme et femme sont éternellement séparés, la femme marquée dans son âme comme elle l'est dans sa chair « douze fois impure », n'aimant que l'amour, l'homme portant, lui, son amour sur une créature, abdiquant sa puissance devant elle, l'un et l'autre conscients des impossibilités de l'amour. La version de la préoriginale dans Le Festin d'Ésope (dont on trouvera en appendice quelques variantes caractéristi-

ques) était à ce propos plus longue et plus explicite.

En *1909*, L'Enchanteur pourrissant *sera complété par deux chapitres, le premier et le dernier de l'œuvre définitive. Le premier est une transcription presque littérale d'un passage de* Lancelot du lac, *d'après une adaptation en prose du XVIe siècle — comme si, par cet emprunt, Apollinaire voulait dès les premiers mots conférer à son œuvre les dimensions anonymes et intemporelles du mythe et, de cette façon, s'assimilait lui-même à Merlin. Quant au dernier chapitre, c'est* Onirocritique, *un texte récemment écrit et publié dans* La Phalange *du 15 janvier 1908. Il modifie la fin pessimiste de 1904, car à la « conscience des éternités différentes de l'homme et de la femme » répond maintenant dans un jaillissement d'images savamment maîtrisé la victoire du poète sur le monde et le temps.*

Né des curiosités de l'adolescence, nourri des révoltes et des expériences de l'homme, ordonné par la puissance magique du poète, L'Enchanteur pourrissant *n'est pas une composition laborieuse alourdie par une érudition mal digérée, mais bien, comme l'avait depuis longtemps reconnu André Breton, « l'un des plus admirables livres d'Apollinaire ». Celui-ci, d'ailleurs, le plaçait au même rang que* le Bestiaire, Alcools *et* Calligrammes, *et, dans la querelle du « simultanisme » qui éclata en 1914, il ne craignit pas de braver l'incompréhension de ses adversaires en invoquant cette œuvre déjà ancienne comme preuve de son antériorité dans la découverte des techniques nouvelles.*

*

Par un processus inverse, il prétendit qu'il avait écrit dès 1903 la plus grande partie des Mamelles de Tirésias, *alors que la représentation de cette pièce avait été, plus que celle de* Parade, *le grand événement de l'avant-garde en 1917.*

Il n'est certes pas impossible que des éléments anciens, datant de plus de dix ans aient été intégrés à l'ouvrage. Mais celui-ci n'a pris son aspect définitif qu'à la fin de 1916 et au début de 1917.

Les mamelles de Tirésias *fut donné le 24 juin 1917 au Conservatoire Renée Maubel, rue de l'Orient, à l'initiative de Pierre Albert-Birot, directeur de la revue* SIC. *Les décors et les costumes étaient de Serge Férat, la musique de Germaine Albert-Birot. La salle fut houleuse, et la critique divisée. On ne comprit pas toujours le sens de l'adjectif* surréaliste *par lequel Apollinaire avait qualifié son* drame. *Victor Basch, notamment, à qui il répond dans sa préface, ne voyait dans ce mot qu'un succédané de « symbolique », et, de ce fait, portait un jugement inexact. Certains cubistes, dont Juan Gris, protestèrent contre une « fantaisie théâtrale » qui, prétendaient-ils, jetait le discrédit sur leur propre peinture. Surtout, on fut déconcerté par l'apparente contradiction entre la gravité du thème, affirmée par l'auteur lui-même, et le style de farce qu'il avait adopté. Il ne faisait cependant que mettre en pratique deux éléments essentiels de sa nouvelle esthétique (qu'à la même époque il expose dans* L'Esprit nouveau et les poètes). *L'un est la valeur poétique de la surprise et du rire, dont l'exemple lui est donné par Aristophane et par Jarry. L'autre, ce « surréalisme », qui n'est pas du tout celui de Breton et du* Manifeste *de 1924, mais l'affirmation d'une liberté créatrice qui, prenant appui sur le monde, s'écarte aussi bien de l'* « odieux réalisme » *que de l'interprétation symboliste pour donner naissance à une réalité nouvelle : quand l'homme a voulu imiter la marche, il a inventé la roue...*

Ces conceptions appellent un théâtre neuf, total, utilisant un langage total, un lieu scénique qui fasse éclater le traditionnel plateau et plonge le spectateur dans l'action : autant d'intuitions, traduites avec une remarquable netteté dans le Prologue, *qui rappellent que* Les mamelles de Tirésias, *cette œuvre elle aussi mal-aimée de la critique, est un jalon* *important dans l'*underground *qui, depuis* Ubu roi, *trace les routes du théâtre d'aujourd'hui.*

★

Couleur du temps *était en répétition à la compagnie Art et Liberté, dirigée par Louise Lara, lorsque Apollinaire mourut. La représentation eut lieu le 24 novembre 1918, quinze jours après cette disparition brutale ; elle suscita divers remous. Ceux qui admiraient en l'auteur des* Mamelles de Tirésias *un des maîtres de l'avant-garde furent déçus par une pièce qui leur sembla d'un déplorable conformisme esthétique et intellectuel. D'autre part, une polémique s'ouvrit au sujet de la réalisation, infidèle aux intentions de l'auteur selon certains qui, en particulier, s'étonnaient que les décors demandés à Vlaminck par Apollinaire n'aient pas été utilisés.*

Il est vrai que la pièce pouvait surprendre, avec sa forme poétique où dominent les vers de six, neuf et douze syllabes, avec ses personnages et ses situations symboliques, avec, surtout, sa gravité et cet ultime cri de mélancolie sans espoir où se mêlent les voix des morts et celles des vivants : « Adieu Adieu il faut que tout meure. »

Elle est cependant profondément ancrée dans l'œuvre et la personnalité d'Apollinaire. Ce n'est pas sans raison qu'il a donné au poète le nom de Nyctor qui est celui sous lequel, à peine âgé de vingt ans, il avait tenté de se définir. Et cette terrible confrontation de la vie et de la mort, du réel et de l'idéal, des hommes entre eux, avec le monde, avec leurs sentiments et les forces qui les font agir, n'est-ce pas elle qui, sous des modulations diverses, anime sa création ?

Enfin, il y a la guerre et ses bouleversements. Mais Apollinaire a voulu dépasser les circonstances particulières pour atteindre au drame de l'homme et des destins de l'univers. Cette intention est manifeste dans la forme d'oratorio, d'auto

*sacramentale qu'il a adoptée. Elle est également soulignée par
le titre, qui ajoute à la formule déjà éclairante de* Partout et
nulle part *d'abord envisagée une allusion à l'oiseau bleu du
conte, symbole de la vie renaissant de la mort. Enfin, si les
deux scènes que nous donnons en appendice ont été abandonnées,
c'est vraisemblablement parce qu'elles risquaient de détruire
l'unité de ton et de ramener le spectateur à des images trop
insérées dans l'actualité.*

*Pour nous, une fois surmontées quelques naïvetés dans
la représentation de l'avion (« Nyctor ne vous penchez pas »),*
Couleur du temps *apparaît aujourd'hui comme une sorte
de happening tragique, de science fiction pour temps de peste,
qui nous plonge, avec un sens prémonitoire que traduisait
parfaitement la mise en scène de Pierre Della Torre au Théâtre
du Val-de-Marne en 1966, dans un climat angoissant de
catastrophe atomique, d'aventure cosmique et de fin d'huma-
nité.*

*Rachilde disait dédaigneusement après la représentation de
1918 : « C'est du Victor Hugo ! » Plus sensible à l'angoisse
essentielle de l'œuvre, qu'il ne pouvait séparer de l'image toute
récente des funérailles du poète, un jeune spectateur écrivait :*

Visages des spectateurs, je vous ai déjà vus, c'était
à l'église Saint-Thomas-d'Aquin. Le poète a-t-il voulu
cette sobre, trop sobre mise en scène ? Apollinaire, vous
si joyeux, qu'avez-vous fait de votre rire ?

Aviateurs, Lara, croix de bois, sanglots, sanglots.
Sauvons-nous, elle assassine aussi les poètes et nous ne
sommes pas encore assez forts pour tuer la mort. Notre
aéroplane atterrit dans une île déserte; heureusement
nous n'avons pas emporté de thermomètre, il éclate-
rait. Arrive l'unique habitant, tristesse et pourtant les
éclats de rire trouent les tentures unicolores. Les dieux
pleurent, les hommes meurent. La vie, la vie, non.
N'est-ce pas, Apollinaire ? Ce n'est pas vrai, pourquoi

n'êtes-vous pas venu nous crier : ce n'est pas vrai, ce n'est pas vrai, la vie est joie?

Vêtements de deuil, couleur du temps.

Ce jeune spectateur s'appelait Raymond Radiguet.

Michel Décaudin

L'Enchanteur pourrissant

ILLUSTRÉ DE GRAVURES SUR BOIS
PAR ANDRÉ DERAIN

Que deviendra mon cœur parmi ceux qui s'entr'aiment? Il y eut jadis une demoiselle de grande beauté, fille d'un pauvre vavasseur. La demoiselle était en âge de se marier, mais elle disait à son père et à sa mère qu'ils ne la mariassent pas et qu'elle était décidée à ne jamais voir d'homme, car son cœur ne le pourrait souffrir ni endurer. Le père et la mère essayèrent de la faire revenir sur sa décision, mais ils ne le purent en aucune manière. Elle leur dit que, si on la forçait à voir un homme, elle en mourrait aussitôt ou irait hors de son sens; et sa mère lui ayant demandé privément, comme mère, si elle voulait toujours d'homme s'abstenir, elle répondit que non et que même, si elle pouvait avoir compagnie d'un homme qu'elle ne vît point, elle l'aimerait extrêmement. Le vavasseur et sa femme, qui n'avaient pas d'autre enfant qu'elle, et qui l'aimaient comme on doit aimer son seul enfant, ne voulurent pas risquer de la perdre. Ils souffrirent et attendirent, espérant qu'elle changerait d'avis. Au bout de quelque temps, le père mourut et, après son trépas, la mère supplia sa fille de prendre un mari, mais celle-ci ne voulut rien entendre. Sur ces entrefaites, il arriva qu'un diable se présenta à la demoiselle en son lit, par la nuit obscure. Il commença à la prier tout doucement et lui promit qu'elle ne le verrait jamais. Et elle lui demanda qui il était : « Je suis, fait-il, un homme venu d'une terre étrangère et, de même que vous ne pourriez voir d'homme, je ne pourrais voir de femme avec laquelle je couchasse. » La demoiselle le tâta et sentit qu'il avait le corps très bien fait. Et elle l'aima extrêmement, accomplit sa volonté et cela tout cela à sa mère et à autrui.

Quand elle eut mené cette vie l'espace d'un mois, elle devint grosse, et lorsqu'elle enfanta, tout le peuple s'émerveilla parce que du père on ne savait rien et elle ne voulait pas le dire. Cet enfant fut un fils et eut nom Merlin. Et quand il eut douze ans il fut mené à Uter Pandragon.

Après que le duc de Tintaguel fut mort par la trahison d'Uter Pandragon et de Merlin pour Egerver, la duchesse qu'Uter Pandragon aimait, Merlin s'en alla dans les forêts profondes, obscures et anciennes. Il fut de la nature de son père, car il était décevant et déloyal et sut autant qu'un cœur pourrait savoir de perversité. Il y avait dans la contrée une demoiselle de très grande beauté qui s'appelait Viviane ou Éviène. Merlin commença à l'aimer, et très souvent il venait là où elle était, et par jour et par nuit. La demoiselle, qui était sage et courtoise, se défendit longtemps et un jour elle le conjura de lui dire qui il était et il dit la vérité. La demoiselle lui promit de faire tout ce qu'il lui plairait, s'il lui enseignait auparavant une partie de son sens et de sa science. Et lui, qui tant l'aimait que mortel cœur ainsi ne pourrait plus aimer, promit de lui apprendre tout ce qu'elle demanderait : « Je veux, fait-elle, que vous m'enseigniez comment, en quelle manière et par quelles fortes paroles je pourrais fermer un lieu et enserrer qui je voudrais sans que nul ne pût entrer dans ce lieu ni en sortir. Et je veux aussi que vous m'enseigniez comment je pourrais faire dormir qui je voudrais. »

« Pourquoi, fit Merlin, voulez-vous savoir tout cela ? »

« Parce que, fit-elle, si mon père savait que vous eussiez couché avec moi il me tuerait sur l'heure et je serai certaine de lui quand je l'aurai fait dormir. Mais gardez-vous de me tromper touchant ce que je vous demande, car sachez qu'en ce cas vous n'auriez jamais ni mon amour ni ma compagnie. »

Merlin lui enseigne ce qu'elle demande et la demoiselle écrit les paroles qu'elle entend, dont elle se servait toutes les fois qu'il venait à elle. Et il s'endormait incontinent. De cette manière, elle le mena très longtemps et quand il la quittait, il pensait toujours avoir couché avec elle. Elle le décevait ainsi parce qu'il était mortel; mais s'il eût été en tout un diable elle ne l'eût pu décevoir, car un diable ne peut dormir. A la fin, elle sut par lui tant de merveilles qu'elle le fit entrer au tombeau, dans la forêt profonde, obscure et périlleuse. Et celle qui endormit si bien Merlin était la dame du lac où elle vivait. Elle en sortait quand elle voulait et y rentrait librement, joignant les pieds et se lançant dedans.

L'enchanteur était entré conscient dans la tombe et s'y était couché comme sont couchés les cadavres. La dame du lac avait laissé retomber la pierre, et voyant le sépulcre clos pour toujours, avait éclaté de rire. L'enchanteur mourut alors. Mais, comme il était immortel de nature et que sa mort provenait des incantations de la dame, l'âme de Merlin resta vivante en son cadavre. Dehors, assise sur la tombe, la dame du lac, que l'on appelle Viviane ou Éviène, riait, éveillant les échos de la forêt profonde et obscure. Lorsque sa joie fut calmée, la dame parla, se croyant seule : « Il est mort le vieux fils du diable. J'ai enchanté l'enchanteur décevant et déloyal que protégeaient les serpents, les hydres, les crapauds, parce que je suis jeune et belle, parce que j'ai été décevante et déloyale, parce que je sais charmer les serpents, parce que les hydres et les crapauds m'aiment aussi. Je suis lasse d'un tel travail. Le printemps commence aujourd'hui, le bon printemps fleurissant que je déteste; mais il passera vite, ce printemps parfumé qui m'enchante. Les buissons d'aubépine défleuriront. Je ne danserai plus, sinon la danse involontaire des petits flots à la fleur du lac. Mais, quel malheur! Aux retours inévitables du printemps, les buissons d'aubépine refleuriront. J'en serai quitte pour ne point sortir

de mon beau palais plein de lueurs de gemmes, au fond
du lac, pendant chaque printemps. Et quel malheur!
La danse involontaire des petits flots à fleur du lac est
aussi une danse inévitable. J'ai enchanté le vieil enchan-
teur décevant et déloyal et voici que les printemps
inévitables et la danse inévitable des petits flots me
soumettront et m'enchanteront, moi, l'enchanteresse.
Ainsi tout est juste dans l'univers : le vieil enchanteur
décevant et déloyal est mort et quand je serai vieille,
le printemps et la danse des petits flots me feront
mourir. »

Or, l'enchanteur était étendu mort dans le sépulcre,
mais son âme était vivante et la voix de son âme se
fit entendre : « Dame, pourquoi avez-vous fait ceci ? »
La dame tressaillit, car c'était bien la voix de l'enchan-
teur qui sortait de la tombe, mais inouïe. Comme elle
ne savait pas, la dame crut qu'il n'était pas encore mort
et frappant de sa main la pierre tiède sur laquelle elle
était assise, elle s'écria : « Merlin, ne bouge plus, tu es
entré vivant dans le tombeau, mais tu vas mourir et
déjà tu es enterré. » Merlin sourit en son âme et dit
doucement : « Je suis mort! Va-t'en, à cette heure, car
ton rôle est fini, tu as bien dansé *. »

A ce moment seulement, au son de la véritable voix
inouïe de l'âme de l'enchanteur, la dame sentit la lassi-
tude de la danse. Elle s'étira, puis essuya son front
mouillé de sueur, et ce geste fit choir sur la tombe de
l'enchanteur une couronne d'aubépine. De nouveau,
la dame lasse éclata de rire et répondit ainsi aux paroles
de Merlin : « Je suis belle comme le jardin d'avril,
comme la forêt de juin, comme le verger d'octobre,

* Les astérisques renvoient aux variantes qui figurent à la fin
du volume.

comme la plaine de janvier. » S'étant dévêtue alors la dame s'admira. Elle était comme le jardin d'avril, où poussent par places les toisons de persil et de fenouil, comme la forêt de juin, chevelue et lyrique, comme le verger d'octobre, plein de fruits mûrs, ronds et appétissants, comme la plaine de janvier, blanche et froide.

L'enchanteur se taisant, la dame pensa : « Il est mort. Je veillerai quelque temps sur cette tombe, puis je m'en irai dans mon beau palais plein de lueurs de gemmes, au fond du lac. » Elle se vêtit, puis s'assit de nouveau sur la pierre du sépulcre et, la sentant froide, s'écria : « Enchanteur, certainement tu es mort puisque la pierre de ta tombe l'atteste. » Elle eut la même joie que si elle avait touché le cadavre lui-même et ajouta : « Tu es mort, la pierre l'atteste, ton cadavre est déjà glacé et bientôt tu pourriras. » Ensuite, assise sur la tombe, elle se tut, écoutant les rumeurs de la forêt profonde et obscure.

On entendait encore, parfois, au loin le son triste du cor de Gauvain, qui seul au monde avait pu savoir où était Merlin. Le chevalier aux Demoiselles avait tout deviné, et maintenant, s'en allait cornant pour susciter l'aventure. Or, le soleil se couchait et Gauvain au loin disparaissait avec lui. Gauvain et le soleil déclinaient à cause de la rotondité de la terre, le chevalier devant l'astre et tous deux confondus, tant ils étaient lointains et de pareille destinée.

La forêt était pleine de cris rauques, de froissements d'ailes et de chants. Des vols irréels passaient au-dessus de la tombe de l'enchanteur mort et qui se taisait. La dame du lac écoutait ces bruits, immobile et souriante. Près du tombeau, des couvées serpentines rampaient, des fées erraient çà et là avec des démons biscornus et des sorcières venimeuses.

LES SERPENTS

Nous avons sifflé le mieux que nous ayons pu et le sifflement, c'est le meilleur appel. Il n'a jamais répondu celui qui est de notre race, que nous aimons et qui ne peut pas mourir. Nous avons rampé et qui ne sait que ceux qui rampent entrent partout. Les plus étroites fentes sont pour ceux-là comme un portail, surtout si comme nous, ils sont souples, minces et glissants. Nous n'avons pu le retrouver celui qui est de notre race, que nous aimons et qui ne peut pas mourir.

LES TROUPES BISCORNUES

Oh! les sottes saucisses qui se promènent, que dites-vous de la race de Merlin? Il n'était pas tout à fait terrestre comme vous, avec qui il n'avait rien de commun. Son origine était céleste, puisque nous, les diables, nous venons du ciel.

LES SERPENTS

Sifflons, sifflons! Nous n'avons pas à discuter avec vous, qui n'existez pas, les diables, mais en passant, nous vous disons volontiers que nous connaissons le paradis terrestre. Allons plus loin; sifflons, sifflons!

LES CRAPAUDS

Que s'élève aussi notre appel mélancolique! Car nous voulons retrouver Merlin nous aussi. Il nous aime et nous l'aimons. Nous assistions à d'étranges cérémonies où nous jouions notre rôle. Sautons, cherchons. Merlin aimait ce qui est beau et c'est un goût périlleux. Mais nous ne saurions le lui reprocher : nous aimons, comme lui, la beauté.

LES DEUX DRUIDES

Nous le cherchons aussi, car il connaissait notre
science. Il savait que pour conjurer la soif, il n'est rien
de mieux que de garder dans la bouche une feuille de
gui. Il portait la robe blanche comme nous, mais, à
la vérité, la nôtre est rouge du sang d'humaines victimes
et brûlée, par endroits. Il avait une harpe harmonieuse,
que nous avons trouvée, les cordes rompues, sous un
buisson d'aubépine, là-bas. Serait-il mort? Nous avions
des pouvoirs autrefois, lorsque, nombreux, nous étions
réunis en collèges. Mais en ce temps, nous sommes
presque toujours seuls. Que pouvons-nous faire d'autre
que de très loin converser? Car les vents nous obéissent
encore et portent les sons de nos harpes. Mais Lugu nous
protège, le dieu terrible : voici son corbeau qui vole
en croassant et cherche comme nous cherchons.

Or, le crépuscule était venu dans la forêt profonde
et plus obscure. Un corbeau croassant, se posait, près
de la dame immobile, sur la tombe de l'enchanteur.

LES DRUIDES

Il a disparu le corbeau du dieu Lugu. Cherchons
l'enchanteur. Si nous avions le temps, nous célébrerions,
en strophes difficiles, son destin, aux échos de la forêt
résonnante. Mais, puisque nous ne le trouvons pas
celui qui est vêtu d'une tunique semblable à la nôtre,
profitons de ce que nous sommes réunis pour nous
parler à cœur ouvert.

LE CORBEAU

L'une est vive, l'autre est mort. Mon bec ne peut
percer la pierre, mais tout de même je sens une bonne
odeur de cadavre. Tant pis, tout sera pour les vers

patients. Ils sont bien méchants ceux qui fabriquent des tombes. Ils nous privent de notre nourriture et les cadavres leur sont inutiles. Attendrai-je que celle-ci meure ? Non, j'aurais le temps de mourir moi-même de faim et ma couvée attend la becquée. Je sais où est Merlin, mais je n'en veux plus. Aux portes des villes meurent des enchanteurs que personne n'enterre. Leurs yeux sont bons, et je cherche aussi les cadavres des bons animaux; mais le métier est difficile, car les vautours sont plus forts, les horribles qui ne rient jamais et qui sont si sots que je n'en ai jamais entendu un seul prononcer une parole. Tandis que nous, les bons vivants, que l'on nous capture, pourvu que l'on nous nourrisse bien, et nous apprenons volontiers à parler, même en latin.

Il s'envola en croassant *.

LE PREMIER DRUIDE

Que fais-tu seul dans la montagne, à l'ombre des chênes sacrés ?

LE DEUXIÈME DRUIDE

Chaque nuit, j'aiguise ma faucille, et lorsque la lune lui ressemble, tournée vers la gauche, j'exécute ce qui est prescrit. Un roi vint, il y a peu de jours, me demander s'il pourrait épouser sa fille dont il était amoureux. Je me suis rendu en son palais pour voir pleurer la princesse, et j'ai dissipé les scrupules du vieux roi **. Et toi-même, que fais-tu ?

LE PREMIER DRUIDE

Je regarde la mer. J'apprends à redevenir poisson. J'avais dans ma demeure quelques prêtresses. Je les ai chassées : quoique vierges, elles étaient blessées. Le sang des femmes corrompait l'air dans ma demeure ***.

LE DEUXIÈME DRUIDE

Tu es trop pur, tu mourras avant moi.

LE PREMIER DRUIDE

Tu n'en sais rien. Mais ne perdons point de temps. Les voleurs, les prêtresses ou même les poissons pourraient prendre notre place et que deviendrions-nous alors? Soyons terribles et l'univers nous obéira.

La fée Morgane, amie de Merlin, arriva à ce moment dans la forêt. Elle était vieille et laide.

MORGANE

Merlin, Merlin! Je t'ai tant cherché! Un charme te tient-il sous l'aubépine en fleur?... Mon amitié est vive encore, malgré l'absence. J'ai laissé mon castel Sans-Retour, sur le mont Gibel. J'ai laissé les jeunes gens que j'aime et qui m'aiment de force, au castel Sans-Retour, tandis qu'ils aiment de nature, les dames errant dans les vergers, et même les antiques naïades. Je les aime pour leur braguette, hélas! trop souvent rembourrée et j'aime aussi les antiques cyclopes malgré leur mauvais œil. Quant à Vulcain, le cocu boiteux m'effraye tant que de le voir, je pète comme le bois sec dans le feu. Merlin! Merlin! Je ne suis pas seule à le chercher. Tout s'émeut. Voici deux druides qui veulent un signe de sa mort. Qu'ils soient heureux, je vais les contenter pour qu'ils s'en aillent en paix bien qu'abusés.

Elle fit le geste logique qui déploie le mirage. Aux yeux des druides, satisfaits d'eux-mêmes, apparut le lac Lomond, avec les trois cent soixante îlots. Au bord de l'eau, des bardes se promenaient en troupes et tiraient des sons lamentables de leurs petites harpes en chantant

sans en comprendre le sens, les vers appris par cœur.
Tout à coup, sur chaque îlot rocheux, s'abattait un aigle,
puis les aigles s'élevaient et, s'étant réunis, s'envolaient
ensemble. Alors le mirage s'évanouit. Les druides
s'embrassèrent en se félicitant de leur puissance clair-
voyante et chantèrent pendant que la fée luxurieuse
riait de leur crédulité.

LE CHANT DES DRUIDES

Hésus et Taranis la femelle
L'annoncent par un vol aquilin :
La dame au corsage qui pommelle *
A fait mourir, aujourd'hui, Merlin.

Teutatès aime l'aigle qui plane
Et qui veut le soleil enchanter.
Je préfère un corbeau sur un crâne,
Quand l'oiseau veut l'œil désorbiter.

Ô corbeau qui disparus à droite
Sur un froid menhir t'es-tu perché ?
Ou, pourrissant dans sa fosse étroite,
Trouvas-tu le cadavre cherché ?

Nous nous en irons vers nos demeures,
L'un vers la mer, l'autre vers les monts,
Frère, parle avant que tu ne meures.
Merlin est mort, mais nous nous aimons.

Les druides se séparèrent; Morgane appelait Merlin
et celui-ci qui était mort, mais dont l'âme était vivante,
eut pitié de son amie. Il parla, mais la dame du lac,
immobile sur la tombe, ne l'entendit pas.

LA VOIX DE L'ENCHANTEUR MORT

Je suis mort et froid. Mais tes mirages ne sont pas inutiles aux cadavres; je te prie d'en laisser une bonne provision près de ma tombe à la disposition de ma voix. Qu'il y en ait de toutes sortes : de toute heure, de toute saison, de toute couleur et de toute grandeur. Retourne au castel Sans-Retour, sur le mont Gibel. Adieu! Amuse-toi bien, et proclame ma renommée lorsque sur leurs vaisseaux les navigateurs passeront le détroit. Proclame ma renommée, car tu sais que je fus un enchanteur prophétique. De longtemps, la terre ne portera plus d'enchanteurs, mais les temps des enchanteurs reviendront.

Morgane entendit les paroles de Merlin. Elle n'osa répondre et posa près de la tombe, sans être vue par la dame du lac, une provision de mirages. Ensuite elle retourna sur le mont Gibel, dans son castel Sans-Retour.

LA DÉCLAMATION DU PREMIER DRUIDE
très loin, au bord de l'Océan.

Selon la harpe consciente, je dirai
Pourquoi créant, ma triade, tu gesticules
Et si le froid menhir est un dieu figuré,
Le dieu galant qui procréa sans testicules.

Onde douce comme les vaches, j'ai langui
Loin de la mer. Voici le golfe aux embouchures
Et les chênes sacrés qui supportent le gui;
Trois femmes sur la rive qui appellent les parjures.

Au large, les marins font des signes de croix.
Ces baptisés, pareils à des essaims sans ruches,
Nageurs près de mourir, folles! devant vous trois,
Ressembleront bientôt au svastica des cruches *.

Alors, les ténèbres envahirent la forêt profonde et plus obscure. Mais, hors de la forêt, la nuit était claire et étoilée. Le deuxième druide allait vers la montagne, à l'est. A mesure qu'il la gravissait, il apercevait au loin, une ville ronde et lumineuse. Puis, un aigle s'éleva du sommet du mont et plana, fixant la ville ardente. Une corde de la harpe du druide se rompit et c'était le signe qu'un dieu mourait. Beaucoup d'aigles joignirent celui qui planait et, comme lui, fixèrent la ville lointaine et lumineuse.

LA DÉCLAMATION DU DEUXIÈME DRUIDE
très loin, à mi-côte de la montagne,
dans un sentier périlleux.

Ils laissent en mourant, des divinités fausses
Et d'eux ne reste au ciel qu'une étoile de plomb.
Les lions de Moriane ont rugi dans leurs fosses,
Les aigles de leur bec ont troué l'aquilon.

Et voyant, loin, la ville en hachis de lumière,
Croyant voir, sur le sol, un soleil écrasé,
Éblouis, ont baissé leur seconde paupière;
Ah! détruis, vrai soleil, ce qui fut embrasé.

Dans la forêt, des êtres cherchaient encore Merlin. On entendait un son aigu et harmonieux et le dieu Pan jouant de la flûte qu'il a inventée arriva, menant un troupeau de jolis sphinx.

LE TROUPEAU DE SPHINX

La nuit de cette forêt, c'est quasi l'ombre cimmérienne. Nous cherchons, nous, poseurs d'énigmes. Nous sourions. Un demande forcément à se réjouir en deux, évidemment cela fait trois. Devine, berger!

QUELQUES SPHINX

Quand c'est tombé il n'y a plus rien à faire. On ne peut ni jouir ni souffrir. Devine, berger!

LES SPHINX

Dès que cela a été blessé, cela a vraiment faim. Devine, berger!

LE TROUPEAU DE SPHINX

Qu'est-ce qui peut mourir? Devine, berger, afin que nous ayons le droit de mourir volontairement.

Ils s'en allèrent.

UN HIBOU
dans le creux d'un arbre.

A la vérité, je reconnais ce troupeau. Il n'est pas de notre temps. Il doit préférer les bois d'oliviers où moi-même j'ai vécu longtemps, vénéré de tous. Ma sagesse était alors donnée en exemple; on me figurait sur les pièces de monnaie. Je suis heureux d'y voir clair la nuit, je reconnais de vieilles choses comme font les antiquaires. Mais, je suis content aussi de n'être pas sourd; j'ai entendu les énigmes admirables de ce troupeau qui est toujours sur le point de mourir.

Arriva un monstre qui avait la tête d'un chat, les pieds d'un dragon, le corps d'un cheval et la queue d'un lion.

LE MONSTRE CHAPALU

Je l'ai vu une fois et ne m'étonnerais pas s'il était mort. Il était bien vieux. Je le cherche parce qu'il était savant et aurait su me rendre prolifique. Pourtant je vis

heureux, tout seul. Je miaule. Tant mieux s'il vient,
croyant que je veuille le prendre en croupe. S'il est
mort, tant pis, je m'en bats les flancs.

LES CHAUVES-SOURIS
volant lourdement.

Foin des enchanteurs! Ils se font trop de mauvais
sang... Nous cherchons des gastronomes apoplectiques.
Mais il en vient rarement dans la forêt. Nous sommes
si douces, aux suçons si voluptueux et nous nous
aimons. Nous sommes prédestinées, angéliques et
amoureuses. Qui ne nous aimerait? Ce qui nous cause
du tort ce sont les sangsues et les moustiques des étangs.
Nous nous aimons et rien n'est si édifiant que de nous
voir accouplées, les soirs de lune, nous, les vrais exemples
de l'homme parfait.

LES GUIVRES
aux belles lèvres, au corps squameux,
se tordant sur le sol en mille replis.

Nous sommes plus nombreuses qu'on ne pense.
Nous voudrions le baiser sur nos lèvres, nos belles
lèvres. Enchanteur, enchanteur nous t'aimons, toi qui
nous donnas le si bel espoir qui, sans doute, un jour,
sera la réalité. Avant la ménopause, s'entend, car il
nous serait inutile, après, d'avoir la bouche en cœur,
à nous qui sommes des bêtes, sauf le baptême. Malgré
ce bel espoir, nous nous mordons les lèvres, nos belles
lèvres, souvent en nos gîtes accessibles.

LES GRENOUILLES

Nous ne savons pourquoi, mais nous qui sommes
royales sans chanter comme des reines, nous assistons
aux sabbats inutiles. On nous poursuit comme des
reines veuves. Ô femmes attendrissantes! Ô femmes!

LES LÉZARDS
à peine éveillés *.

Malheur des nuits. Froidure des nuits de printemps, mais le soleil se promet d'être ardent demain.

LA VIEILLE GUIVRE
avec son guivret.

Sécheresse des lèvres fanées. C'est fini, enchanteur, mes lèvres sont fanées.

LES GUIVRES

Nous voudrions le baiser sur nos lèvres que nous léchons pour les faire paraître plus rouges. Enchanteur, enchanteur, nous t'aimons. Ah! si l'espoir s'accomplissait! Avant la ménopause, s'entend, car il nous serait inutile d'avoir la bouche en cœur, après, à nous qui ne sommes que des bêtes, sauf le baptême et qui, malgré le bel espoir, nous mordons les lèvres, nos belles lèvres, souvent, en nos gîtes accessibles; car nous sommes, hélas! vouées à l'insomnie.

LE HIBOU
immobile.

Celles-ci sont contemporaines, tandis que celle qui vient est antique. Elle est lamentable et ne pense pas du tout à l'enchanteur. Sa douleur est intime. Sa taille est gigantesque. Elle porte des brûlures par endroits à cause du feu céleste. Elle ulule, et je suis fier qu'une si belle personne m'imite. Oh! Oh! Elle a été mère plusieurs fois à ce que je vois.

COUVÉE DE SERPENTS
à la lisière de la forêt.

Qui donc ulule si lamentablement. Ce n'est pas un oiseau nocturne. La voix est plus qu'humaine **. Mais

quoi! nous nous sommes dressés et nous avons regardé
en l'air en sifflant. Si cette troupe biscornue pouvait
interroger la femme qui ulule, celle-ci attesterait certai-
nement notre origine paradisiaque. Nous l'avons vue
celle qui ulule, elle était dans le paradis terrestre en
même temps que nous-mêmes. Sifflons, cherchons celui
que nous aimons, qui est de notre race et qui ne peut pas
mourir.

LILITH

ululant au-dessus de la forêt, très haut.

Mes enfants sont pour moi, première mère, mes
enfants sont pour moi. Hélas! Ô fuite! Ô méchanceté
des hiérarchies! Ô fuite! hélas! J'ai oublié le nom des
anges qui m'ont poursuivie. Hélas! Comme la mer
rouge est lointaine *!

UN ABBÉ

*cessant d'écrire dans sa cellule **.*

Lilith clame, comme un animal dans la plaine. Mon
âme s'effraye, car Satan a le droit d'effrayer les choses
imparfaites. Mais faites, Seigneur, que je dispose encore,
bien que je sois vieux, d'une portioncule de vie suffi-
sante à l'achèvement de mon histoire du monde. Éloignez,
Seigneur, les cris lamentables de cette réprouvée. Ses
clameurs troublent ma solitude, Seigneur, et ce sont en
effet des cris de femme. Éloignez les cris de femme,
Seigneur! Bénissez mes travaux et acceptez les gerbes
de la moisson de ma vieillesse. Ô Seigneur, ma blanche
vieillesse, blanche comme un sépulcre blanchi, ma pauvre
vieillesse chancelante est trop calme d'être certaine de
vous aimer. Remplissez-moi d'une volonté d'amour
inapaisé. Détournez vos yeux de votre serviteur,
Seigneur, si dans sa prudence mauvaise, il prend garde
aux précipices. Les précipices, à la vérité, ne sont point

faits pour qu'on s'en détourne, mais pour qu'on les franchisse d'un bond. Mais, faites, Seigneur, que je n'entende plus les cris de la maternelle et gigantesque réprouvée, car mon âme s'effraye trop de les ouïr. Mon âme ne peut rien pour la maudite, pour la mère, puisqu'elle est réprouvée. Bénissez-moi, Seigneur, car je n'ai pas prié pour celle qui clame comme un animal, dans le désert, la mère et la maudite. Mais, du moins, par cette gerbe de la moisson de ma vieillesse, éloignez vos anges de cette mère, éloignez vos bons anges de cette mère, ô Seigneur, ô Seigneur, parce qu'elle est mère. Seigneur, Seigneur, par la mer rouge que, depuis sa fuite à ne pouvoir mourir, vous avez ouverte à la lumière du soleil de vos cieux et au peuple de votre élection. Ainsi soit-il *.

Lilith cessa d'ululer et s'enfuit. Tous les enfants moururent, cette nuit, dans la contrée. Les serpents chercheurs sifflèrent plaintivement dans la forêt profonde et obscure.

LA COUVÉE DE SERPENTS

Hélas! Cette mère s'est enfuie plutôt que d'attester la vérité. Ainsi disparaît ce témoin de notre origine paradisiaque. A la vérité, nous venons du paradis terrestre et de notre corps entier nous touchons notre terre. Sifflons et cherchons le paradis sur la terre, car il existe et nous l'avons connu. Et cherchons aussi en sifflant celui que nous aimons, qui est de notre race et qui ne peut pas mourir.

LE HIBOU
dans l'arbre.

Je sens ma vieillesse plus lourde et plus triste maintenant que s'est tue celle qui ululait aussi bien que moi-

même. Peut-être est-elle à cette heure, heureuse, cette
mère, mais je préférerais son malheur et ses ululements
pareils à mon bonheur et à mes ululements. Qu'entends-
je et que vois-je dans la forêt profonde et obscure ?
Tant d'êtres anciens ou actuels. Par ma sagesse, cette
nuit ferait le bonheur d'un antiquaire !

Dans la forêt profonde et obscure se pressait une foule
d'êtres beaux ou laids, gais ou tristes. Étaient venus les
démons incubes et succubes qui sont de quatre sortes :
les égypans, faunes et sylvains ; les gnomes et les pyg-
mées ; les nymphes ; les pyraustes, vulcains et feux-follets.
Étaient venus aussi, en arrois différents, les enchanteurs
de tous les pays : Tirésias, l'aveugle que les dieux firent
parfois changer de sexe ; Taliésin, Archélaüs. Étaient
venues aussi les enchanteresses : Circé, Omphale, Calypso,
Armide. Étaient venus aussi les vampires, les stryges,
les lamies, les lémures en bruit prophétique de casta-
gnettes. Étaient venues aussi les devineresses ou prophé-
tesses, la prêtresse de Delphes, la pythonisse d'Endor,
la sibylle de Cumes. Étaient venus des diables de toutes
hiérarchies, les diablesses et les satanes les plus belles.
Étaient venus les pauvres sorciers en quête de chalands
pour leurs drogues infectes et les sorcières ancillaires
et pratiques, portant les ustensiles indispensables à leurs
fonctions infimes : marmite et balai. Étaient venus les
magiciens renommés, alchimistes ou astrologues. Parmi
ces derniers, on remarquait trois fantômes de rois
orientaux venus d'Allemagne, vêtus d'habits sacer-
dotaux et coiffés de la mitre.

LES TROIS FAUX ROIS MAGES

Autrefois nous regardions souvent les étoiles, et
l'une que nous vîmes une nuit, discourant au milieu
du ciel, nous mena, mages venus de trois royaumes

différents, vers la même grotte, où de pieux bergers
étaient déjà venus peu de jours avant le premier jour
de cette ère. Depuis lors, prêtres d'Occident nous ne
saurions plus nous laisser guider par l'étoile et pourtant
des fils de dieux naissent encore pour mourir. Cette
nuit, c'est la Noël funéraire et nous le savons bien, car
si nous avons oublié la science des astres, nous avons
appris celle de l'ombre, en Occident. Nous attendions
depuis notre décollation cette nuit bienheureuse.
Nous sommes venus dans la forêt profonde et obscure
guidés par l'ombre. Or, nos chefs sont pâles, ils sont
vides de sang, du sang oriental, et pâles comme des
têtes occidentales. Nous sommes venus ici guidés par
l'ombre.

FAUX BALTHAZAR
au chef livide, blanc comme les taches des ongles.

> Le fils d'un des plus petits faux dieux
> Par amour est mort très vieux.
> Pour guider vers lui pas de sidère,
> Rien qu'une ombre sur la terre.

FAUX GASPARD
au chef couleur de cire vierge.

> Nous ne portons pas pour beaux présents
> La myrrhe, l'or et l'encens
> Mais le sel, le soufre et le mercure
> Pour orner sa sépulture.

FAUX MELCHIOR
au chef nègre couleur de peau d'éléphant.

> Serments par sa mère violés !
> Chute des chefs décollés !
> Faux dieux magiques ! pas de sidère,
> Rien qu'une ombre sur la terre !

Or, le faux Balthazar portait le mercure, le faux Gaspard portait le sel et le faux Melchior portait le soufre. L'ombre, au lieu de l'étoile, avait été un guide excellent, car tous les trois s'arrêtèrent devant le sépulcre, déposèrent leurs présents sur la pierre, méditèrent un instant et se retirèrent, marchant l'un derrière l'autre.

Après eux, vinrent des santons ingénus qui connaissaient déjà le sépulcre, à cause de l'ombre de l'ombre. C'étaient des paysans, des vilains, des serfs, des serviteurs, des hommes de métier et des marchands qui placèrent sur la tombe de l'enchanteur toutes sortes de victuailles. Ils apportaient des flacons de vin cuit; des jambons; des andouilles; des pâtés de faisans; des grappes de raisin sec; des épices, graines de pavot, laurier, romarin, thym, basilic, menthe, marjolaine, baies de genièvre, cumin; de la boucherie; du porc; de la venaison; des fruits; des gâteaux, tourtes, tartes, craquelins, flans, talmouses; des confitures sèches et liquides. Tant et tant que la pierre de la tombe disparut sous les nouveaux présents et qu'on ne voyait plus ceux des faux rois mages.

LES FAUX SANTONS

Guidés par l'ombre de l'ombre, l'ombre cimmérienne, nous t'apportons ce qui t'est inutile, fils de prêtresse : les mets savoureux. Nous ne t'offrons point de laitage, car tu méprises les troupeaux et c'est pour cela aussi que tu n'entends pas nos chœurs harmonieux chanter les chansonnettes farcies. A la vérité, cette nuit bienheureuse, c'est la Noël funéraire et la bonne volonté ne suffit plus à cause de l'ombre, car tu n'as pas fait briller de lumière.

Les faux santons s'en allèrent alors, puis disparurent comme par enchantement, de même que les faux rois mages.

VOIX DE L'ENCHANTEUR

Il y a trop de personnages divins et magiques, dans la forêt profonde et obscure, pour que je sois dupe de cette fantaisie de Noël funéraire. Néanmoins, les présents sont réels et j'en saurai faire un excellent usage. Maudite fantaisie de ma Noël funéraire! Les réels présents des faux rois mages sont trop somptueux, si somptueux que je crains de m'en servir à tort et à travers ne connaissant pas leur juste prix. Les réels présents des faux santons m'ont rempli d'aise, ils m'ont fait venir l'eau à la bouche. Hélas! on a oublié le pain. Cette fantaisie magique est cruelle comme la volonté. Ils ont oublié le pain.

URGANDE LA MÉCONNUE
sorcière sans balai.

Certainement, parmi ce qu'il y a de plus rare au monde, on peut compter la merde de pape, mais un peu de celle de celui qui est mort me satisferait mieux *. Je cherche cette rare denrée et non pas le corps de l'enchanteur lui-même. Je déteste dormir avec un cadavre et que faire auprès d'un cadavre, sinon dormir.

UN SORCIER

J'ai des plantes et des herbes excellentes contre les enchantements : herbes d'Irlande, selage, mandragore, bruyère blanche. Le bruit avait couru qu'une dame enchantait l'enchanteur et maintenant beaucoup prétendent qu'il est mort. Je suis arrivé trop tard mais l'intention était bonne.

LES ELFES
chaussés de cristal.

Les velléités ne prévalent contre aucune volonté. Tu ne peux rien. Impuissant!

LE SORCIER

J'ai quatre enfants à nourrir *.

LES ELFES

Pauvre homme! Nous allons te confier un secret précieux. Va, dans la forêt des Ardennes, tu trouveras une petite rivière qui recèle des perles, c'est l'Amblève bordée d'aunes.

LE SORCIER

Merci, elfes bienfaisants. Je n'ai plus aucune raison de chercher l'enchanteur. Je serai pêcheur de perles.

Étaient venues aussi les magiciennes les plus perfides, telles qu'elles sont.

MÉDÉE

J'embrasserais volontiers celle qui a fait mourir l'enchanteur. Je l'embrasserais, fût-elle un spectre. J'ai ignoré la science des fuites. Enchanteur! Je crache sur le sol, je voudrais cracher sur toi.

DALILA

Marâtre, tu donnas la Toison à l'argonaute. Moi, je coupai la chevelure de mon amant. Nous aimions toutes deux, mais différemment. Tu aimais les hommes forts; moi, je fus la femme forte. La dame qui enchanta l'enchanteur lui coupa sans doute la chevelure, suivant mon exemple. Qu'en penses-tu?

MÉDÉE

Chercheuse de poux, ne parle pas d'enchantements. Un chevelu devient ridicule après avoir été tondu. Toi-même que serais-tu si l'on te tondait? Ni plus ni moins forte. Qu'aurais-tu fait contre le tondu, sans

d'autres hommes. Et même, tout fut vain à cause de toi.
L'homme fut plus fort contre toi, contre toutes.

HÉLÈNE
vieille et fardée *.

Je l'avoue, lorsque j'aimai le berger troyen et qu'il
m'aima, j'avais plus de quarante ans. Mais mon corps
était beau et blanc comme mon père, le cygne amoureux
qui ne chantera jamais. J'étais belle comme aujourd'hui,
plus belle que lorsque petite fille, le vainqueur de
brigands me dépucela. J'étais bien belle, car j'avais
su conserver ma beauté en restant nue et en m'exerçant
chaque jour à la lutte. Je savais aussi (car Polydamne
me l'avait appris en Égypte) me servir des herbes
pour en faire des fards et des philtres. Je suis belle et
je reparais toujours, prestige ou réalité, amante heureuse
et féconde et jamais je n'ai tondu mes amants, ni tué
mes enfants. Pourquoi tuer les hommes ? Ils savent s'en-
tretuer sans que nous le demandions. Je suis curieuse de
savoir pourquoi cette dame veut faire mourir ce vieillard
qui est son amant ; car il est certainement son amant.

ANGÉLIQUE

Sait-on s'il est son amant ? Elle-même le sait puisqu'il
lui a tout enseigné, tout ce qu'il savait. Nul ne saurait
deviner l'énigme de la mort de l'enchanteur. Les hommes
savent s'entretuer sans que nous le demandions. Il
était mourant, le jeune homme que je recueillis, un jour,
que je guéris et qui m'aima comme je l'aimai. J'avais
quarante ans alors et j'étais plus belle que jamais.
Non, non, il n'y a pas de raison pour qu'une femme
tue un homme.

On entendit alors des cris lamentables. Les sorcières,
démons femelles, enchanteresses et magiciennes se
plaignaient.

LE CHŒUR FÉMININ

Il y a dans la forêt profonde et obscure, une odeur vivante, une odeur de femme *. Les mâles sont en rut parce qu'une irréalité a pris la forme de la réalité. Et Angélique est vivante faussement dans la forêt profonde et obscure.

LE CHŒUR MASCULIN

Est-ce si rare et si étrange ? Les irréalités deviennent raisonnables parfois et regardent alors ce qui est beau, de là leur forme. En ce siècle, quelle forme est plus belle que celle d'Angélique ? Irréalité raisonnable, nous t'aimons, nous t'aimons parce que tu cherches comme nous, ce qu'il y a de plus beau dans le siècle : le cadavre de l'enchanteur. Mais notre raison est vaine, car jamais plus nous ne pourrons le regarder, puisqu'il est enseveli. Irréalité raisonnable, nous t'aimerons pour pouvoir ensuite être tristes jusqu'à la mort, car nous sommes raisonnables maintenant aussi mais trop tard, puisque nous ne verrons pas, parce qu'il est enseveli, le beau cadavre, le très beau, et qu'en vérité tout notre amour te laissera stérile en notre raison informe quoique nous t'aimions.

ANGÉLIQUE

A la vérité, je suis vivante et amante heureuse, plus heureuse que celle dont les frères stellaires, les Dioscures, scintillent. Je suis vivante, vivante. Je naquis en Orient, mécréante et maudite et faussement vivante, tandis que maintenant je vis et je vous maudis, irréalités, car depuis j'ai été baptisée comme le fut l'enchanteur lui-même.

LE DOUBLE CHŒUR

La Chinoise a crié son vrai cri. Ce n'est pourtant pas le cri de l'innocence, c'est un pauvre aveu. Voyez

comme elle s'agenouille. De honte, elle cache son front
dans ses mains. Aucune raison formelle ne fut plus
douloureuse. Sa honte est le signe de sa méchanceté.
Le beau cadavre de l'enchanteur serait-il honteux
aussi pour être enseveli et caché à nos regards. Hélas!
Hélas! le beau cadavre pue peut-être.

LE CHŒUR FÉMININ

La vivante n'est pas virginale. Ayons pitié d'elle.

ANGÉLIQUE

Je vous maudis. Je ne suis pas vierge, mais reine,
amante et bien nommée. Je serai sauvée.

LE CHŒUR INOUI DES HIÉRARCHIES CÉLESTES *

La bien nommée s'est réalisée. Au nom du nom
silencieux, nous l'aimerons pour s'être bien nommée.
On prépare sa mort parce qu'elle est bien aimée.

ANGÉLIQUE

Je te loue tristement, songe noir, songe de ma des-
tinée **.

LE CHŒUR INOUI DES HIÉRARCHIES CÉLESTES

La quadragénaire est belle comme une jeune vierge
parce qu'elle est bien nommée. Elle a oublié tout ce
qui est païen, magique et même naturel. Son nom fait
hésiter les mâles. On prépare sa mort parce qu'elle
s'est agenouillée.

LE CHŒUR MASCULIN

Nous t'aimons, ô Chinoise agenouillée, nous t'aimons
en dépit de ton nom.

Ils violèrent tour à tour l'irréalité raisonnable, belle
et formelle de la faussement vivante Angélique. La

forêt profonde et obscure s'emplit de vieux cris de
volupté. La vivante palpita longtemps et puis mourut
d'être toujours blessée. Son corps pantela d'un dernier
râle vénérieux et encore agenouillé se courba tant que
la tête de la morte touchait le sol. Des vautours, sentant
l'odeur du cadavre, accoururent de toutes parts, malgré
la nuit, et emportèrent par lambeaux, par-delà le ciel,
la chair de la morte visible *.

LE CHŒUR INOUÏ DES HIÉRARCHIES CÉLESTES

L'âme de la quadragénaire stérile fut purifiée par un
joyeux martyre. Elle sera nue dans le ciel, on lui donnera
une maison de feu, parce qu'elle fut bien nommée.

LA VIOLÉE

Je ne sais plus rien, tout est ineffable, il n'y a plus
d'ombre.

UN ARCHANGE
rapide et inouï.

Elle est sauvée à cause de son nom. Elle a tout dit,
elle ne sait plus rien.

L'ARCHANGE MICHEL
victorieux et inouï.

D'autres furent damnés jadis en dépit de leur nom.
Ne dites pas elle est sauvée. Elle est trop pure mainte-
nant. Elle monte, elle est ronde, elle est juste, elle n'a
pas de nom.

UN CHÉRUBIN **

Elle est sauvée, on ne la voit plus, elle est en Dieu.

LE CHŒUR MASCULIN ***

Elle est semblable à Dieu.

LE CHŒUR INOUI DES HIÉRARCHIES CÉLESTES

La bien nommée est sauvée.

L'ARCHANGE MICHEL

Elle est damnée.

La douleur attendit en vain de sphère en sphère, la sphère condamnée *.

Les violateurs s'attristèrent et disparurent de la forêt profonde et obscure avec de longs cris lugubres. Sur le sol, dans la clairière gisaient les ossements épars de la violée dont les vautours avaient emporté la chair par-delà le ciel mobile. Il ne resta dans la forêt profonde et obscure que quelques fées ignorantes qui cherchaient encore l'enchanteur.

MADOINE

S'il a été trompé, c'est justice. Il n'est point d'homme qui, à l'occasion, ne trompe même une fée.

LORIE

Tu dis cela, ma sœur, à cause de Laris, le chevalier qui te trompa dans la forêt de Malverne. Hélas! il est bon d'être trompée si l'on a été aimée.

HÉLINOR

Tu dis cela parce que tu aimes vainement Gauvain, le chevalier solaire. La dame n'a pas trompé l'enchanteur.

MADOINE

L'enchanteur est bel et bien trompé, le malheur est qu'il en soit mort.

LORIE

Est-on certain de sa mort. La dame n'a pas reparu.

HÉLINOR

C'est peut-être elle qui est morte.

MADOINE

C'est possible, et ce serait tant mieux pour moi, car je voudrais que l'enchanteur me fît les yeux doux. Mais comment la dame serait-elle morte ?

LORIE

Évidemment elle savait tout. Si elle est morte, c'est en couches.

HÉLINOR

Ne supposons rien. Tout proclame la mort de l'enchanteur et nous en avons eu de sombres témoignages.

LORIE

Nous avons aussi des témoignages de sa vie.

MADOINE

Il sait lui seul tout cela.

HÉLINOR

Et la dame ? la dame ?

LORIE

Elle ne saura jamais la vérité.

VOIX DE L'ENCHANTEUR MORT

Je suis mort et froid *. Fées, allez-vous-en; celle que j'aime, qui est plus savante que moi-même et qui n'a point conçu de moi, veille encore sur ma tombe chargée de beaux présents. Allez-vous-en. Mon cadavre pourrira bientôt et je ne veux pas que vous puissiez jamais me le reprocher. Je suis triste jusqu'à la mort et si mon corps était vivant il suerait une sueur de sang. Mon âme est triste jusqu'à la mort à cause de ma Noël funéraire, cette nuit dramatique où une forme irréelle, raisonnable et perdue a été damnée à ma place.

LES FÉES

Allons ailleurs, puisque tout est accompli, méditer sur la damnation involontaire.

Les fées s'en allèrent, et le monstre Chapalu, qui avait la tête d'un chat, les pieds d'un dragon, le corps d'un cheval et la queue d'un lion, revint, tandis que la dame du lac frissonnait sur la tombe de l'enchanteur.

MONSTRE CHAPALU

J'ai miaulé, miaulé, je n'ai rencontré que des chats-huants qui m'ont assuré qu'il était mort. Je ne serai jamais prolifique. Pourtant ceux qui le sont ont des qualités. J'avoue que je ne m'en connais aucune. Je suis solitaire. J'ai faim, j'ai faim. Voici que je me découvre une qualité; je suis affamé. Cherchons à manger. Celui qui mange n'est plus seul.

Quelques sphinx s'étaient échappés du joli troupeau de Pan. Ils arrivèrent près du monstre et apercevant ses yeux luisants et clairvoyants malgré l'obscurité, l'interrogèrent.

LES SPHINX

Tes yeux lumineux dénotent un être intelligent. Tu es multiple comme nous-mêmes. Dis la vérité. Voici l'énigme. Elle est peu profonde parce que tu n'es qu'une bête. Qu'est-ce qui est le plus ingrat? Devine, monstre, afin que nous ayons le droit de mourir volontairement. Qu'est-ce qui est le plus ingrat?

L'ENCHANTEUR

La blessure du suicide. Elle tue son créateur. Et je dis cela, sphinx, comme un symbole humain, afin que vous ayez le droit de mourir volontairement, vous qui fûtes toujours sur le point de mourir.

Les sphinx échappés du joli troupeau de Pan se cabrèrent, ils pâlirent, leur sourire se changea en une épouvante affreuse et panique, et aussitôt, les griffes sorties, ils grimpèrent chacun à la cime d'un arbre élevé d'où ils se précipitèrent. Le monstre Chapalu avait assisté à la mort rapide des sphinx sans en savoir la raison, car il n'avait rien deviné. Il assouvit sa faim excellente en dévorant leurs corps pantelants. Or, la forêt devenait moins obscure. Redoutant le jour, le monstre activait le travail de ses mâchoires et de sa langue lécheuse. Et l'aube poignant, le monstre Chapalu s'enfuit vers des solitudes plus sombres. Dès l'aurore, la forêt s'emplit de rumeurs et de clartés éblouissantes. Les oiseaux chanteurs s'éveillèrent, tandis que le vieil hibou savant s'endormait. De toutes les paroles prononcées pendant cette nuit, l'enchanteur ne retint pour

les approfondir que celles du druide abusé qui s'en alla
vers la mer : « J'apprends à redevenir poisson. » Il se
souvint aussi, pour en rire, de ces mots proférés par le
monstre miaulant Chapalu : « Celui qui mange n'est
plus seul. »

Le soleil éclaira une forêt fraîche et florale. Les oiseaux gazouillaient. Aucun bruit humain ne se mêlait aux rumeurs forestières. La dame du lac fut sensible au bienfait des premiers rayons. Aucune pensée de malheur présent ne la troublait et son bonheur de voir le jour était encore augmenté, car elle était certaine que l'enchanteur, couché dans les ténèbres sépulcrales, ne le partagerait pas. Les fourmis et les abeilles se hâtaient pour le bonheur de leurs républiques, mais la dame du lac ne les regardait pas, car elle méprisait les peuplades, les troupeaux et toute congrégation en général. Elle tenait cette horreur de l'enchanteur qui avait été son maître. Elle n'avait choisi la forêt comme lieu mortuaire de l'enchanteur que par cruauté. Or, le soleil éclairait, en même temps, au loin, une ville close, entourée de murailles et de fossés d'eau croupissante. Trois portes donnaient accès dans la cité qui avait nom Orkenise et dans les rues pavées passaient, en tous sens, les demoiselles, les jongleurs, les bourgeois et les chanoines. Partout, les boutiques des marchands d'encens alexandrin, de poivre, de cire, de cumin, les échoppes des cordonniers, des pelletiers, des changeurs, des drapiers, des orfèvres qui cisèlent les hanaps d'argent, les coupes d'or, les bourses, les dés, ouvraient leurs portes basses.

De cette ville était sorti à pied, dès l'aube, un chevalier nommé Tyolet. Vers midi, Tyolet arriva sur la lisière de la forêt où l'enchanteur était étendu comme le sont les cadavres. Tyolet erra quelque temps dans la forêt sans sentiers, puis fatigué, s'assit au pied d'un hêtre. Alors, il se mit à siffler allégrement. Or, le chevalier Tyolet avait une vertu singulière : il savait appeler les animaux en sifflant. Il y eut des remuements, des bourdonnements, des soubresauts et des courses de toutes parts dans la forêt. Tous les oiseaux vinrent se percher sur les plus basses branches de l'arbre auquel Tyolet était adossé et tous les animaux accoururent et formèrent un cercle étroit autour du siffleur. Vinrent : les griffons, les dragons, le monstre Chapalu, les pigeons, les onces, les chimères, les guivres, les guivrets, les sphinx survivants toujours sur le point de mourir, les renards, les loups, les araignées, les serpentins, les scorpions, les tarasques, les crapauds, les sauterelles, les grenouilles et leurs têtards, les blaireaux, les sangsues, les papillons, les hiboux, les aigles, les vautours, les rouges-gorges, les mésanges, les bouvreuils, les grillons, les rossignolets, les chats, les loups-garous, des troupeaux de vaches maigres ou grasses entourant quelques taureaux, les chauves-souris, les belettes, les mouches, les martres, Béhémoth, les ours, les cigales, les ichtyosaures, les hardes de biches avec leurs faons, Léviathan, les cerfs, les sangliers, les cloportes, les tortues, les sarigues, les chats-huants, les guêpes, les vipères, les couleuvres, les aspics, les pythons, les paons, les engoulevents, les abeilles, les fourmis, les moustiques, les libellules, les mantes religieuses. Tous les animaux rampants et ceux qui marchent, tous les oiseaux, tous les insectes ailés ou non auxquels il fut possible d'ouïr le sifflement allègre de Tyolet accoururent à son appel et se réunirent attentifs autour de lui. Mais le chevalier s'effraya quand il se vit au milieu de tant d'animaux. Il se dressa et regarda de tous côtés. Tous les yeux étaient bienveillants et, reprenant un peu de son assurance, Tyolet parla ainsi :

« J'ai mésusé de mon pouvoir singulier. Pour m'amuser, j'ai sifflé et vous êtes tous venus. A cette heure, je suis seul et désarmé au milieu de vous. Je vous demande pardon de vous avoir appelés sans raison, car, voyez, je n'ai même pas de chiens pour les lancer contre vous. Voyez, je ne suis plus libre et je me sens lâche. Vous comprenez mes sifflements, mais moi, je suis un étranger parmi vous, je ne comprends rien au chant des oiseaux, au cri des animaux, aux remuements d'antennes des insectes. Je suis un étranger. Je vous ai réunis, profitez-en, mais que je m'en aille pour votre bonheur et le mien, car je ne peux rien vous enseigner. »

LE ROSSIGNOLET

Hélas ! Il a raison.

L'ICHTYOSAURE

Tyolet ! Nul parmi nous ne te considère comme étranger ; tu as raison, pourtant. Nous te sommes étrangers.

LÉVIATHAN

Va-t'en, mais ne siffle plus ; sinon tes pareils te prendraient pour un serpent.

Le cercle des animaux s'ouvrit et le chevalier Tyolet partit à travers la forêt se dirigeant vers la cité d'Orkenise.

Aussitôt qu'il eut disparu, les animaux s'agitèrent et se séparèrent, les mâles d'un côté, les femelles de

l'autre. Il ne resta entre eux que certains animaux herma-
phrodites et d'autres qui ne sont ni mâles ni femelles.
Béhémoth sortit du rang des mâles et parla. Tous les
animaux le comprirent.

BÉHÉMOTH

Avez-vous remarqué la raison admirable de l'homme ?
Nous lui sommes devenus des étrangers. Il y a une
part de vérité dans cela, et beaucoup de vantardise.
Pour son bonheur, il eût mieux fait de rester parmi nous,
mais pour notre bonheur, soyons contents qu'il nous
ait rassemblés, puis s'en soit allé lâchement. Pour moi,
je suis la voix de vous tous; seul, j'ai toutes les idées
claires que vous avez chacun en particulier; et, si nul
ne trouve à redire, je me proclamerai dictateur... Je
suis dictateur. Écoutez la voix du Béhémoth sans
origine. Nous allons tous vivre agréablement et socia-
blement dans cette forêt dont un tombeau occupe le
centre et l'on jouera à qui disparaîtra le premier. Pour-
tant, il est des animaux qui seront exclus du jeu. Je
m'exclus d'abord comme dictateur, car je suis sans
origine, unique, immobile, et même, je crois, immortel.
Seront exclus ceux qui ne sont ni mâles ni femelles.
Ils continueront leurs travaux excellents et nous appor-
teront les provendes quotidiennes. Quant à ceux qui
sont hermaphrodites, il est juste qu'on les tue, car
depuis longtemps déjà ils n'ont plus de raison d'être.

Aussitôt que Béhémoth eut parlé, les animaux se
précipitèrent sur les hermaphrodites qui se laissèrent
tuer sans résistance, tant ce qu'avait dit le dictateur
paraissait raisonnable. Les animaux carnivores eurent
ainsi un premier repas. Le monstre Chapalu ne protesta
pas avant d'avoir assouvi la faim excellente qui était
sa seule qualité. Il vint alors se placer devant Béhémoth
et dit ceci :

« Il se peut que certaines bêtes qui ne sont ni mâles ni femelles aient des raisons de famille qui les forcent à travailler pour d'autres que pour elles-mêmes; mais, je ne travaillerai pas. Je ne suis pas prolifique, c'est vrai, mais je possède un excellent appétit qui me met en contact avec d'autres êtres, et je n'en demande pas davantage. Au reste, je suis un mauvais ouvrier, et, si vous n'espériez qu'en moi, vous courriez risque de périr d'inanition. Il est vrai que périr est le but de votre expérience. Mais, comme, au fond, rien de vous ne m'importe, je préfère être libre. Adieu. »

Et le monstre se retira en miaulant.

Les guivres parlèrent alors :

« Nous aussi, nous préférons nous en aller, car notre but est tout autre. Nous espérons un baiser humain. Tout à l'heure, nous crûmes pouvoir le demander au chevalier siffleur, mais hélas! il s'en est allé avant d'avoir vu nos belles lèvres. Nous n'avons aucune raison de rester parmi vous, nous qui espérons une métamorphose, grâce au baiser humain. Adieu. »

BÉHÉMOTH

Guivres, qui vous croyez étrangères parmi nous, vous vous trompez sur l'origine de l'homme et sur la vôtre. D'autres sont plus proches d'une métamorphose que vous. Et l'homme lui-même, qu'espère-t-il? Rien que de confus et pourtant il est plus proche d'une métamorphose que vous.

Mais les guivres ne comprirent pas le sens du discours de Béhémoth et s'en allèrent avec leurs guivrets, vers leurs gîtes accessibles, en se léchant les lèvres pour les faire paraître plus rouges.

Les sphinx parlèrent alors :

« Notre but est différent aussi. Nous posons des énigmes pour avoir le droit de mourir volontairement. Adieu. »

BÉHÉMOTH

Qu'il s'en aille, ce troupeau qui est toujours sur le point de mourir. S'il restait, le jeu n'en finissait plus. Ils seraient vainqueurs, puisque nous ne sommes que des bêtes. Jolis sphinx, allez vers Orkenise ou Camalot, vous y trouverez peut-être des savants subtils qui ne négligeront rien, ni jeûnes, ni veilles, afin que vous puissiez mourir volontairement et même pompeusement.

LES SPHINX

Béhémoth, ne nous conseille pas! Ici, près de la tombe sont épars des ossements de sphinx. En demeurant auprès de vous nous pourrions mourir, mais non grâce à vous. Pour votre bonheur, nous irons ailleurs chercher la mort volontaire. Adieu.

Le joli troupeau de sphinx s'en alla et rejoignit Pan, son berger.

LES SCORPIONS

Nous nous en irons aussi. Notre but est autre, c'est de mourir volontairement, mais non pas comme meurent les sphinx. Nous mourrons par notre volonté. Nous n'espérons pas le suicide, nous le pratiquons à l'occasion, quand il nous plaît. Adieu.

BÉHÉMOTH

Scorpions, vous êtes injustes *. Allez-vous-en, vous êtes indignes de vivre, même pour l'expérience de la mort involontaire.

Les scorpions s'en étant allés, il ne resta plus auprès du tombeau de l'enchanteur que des animaux disposés à l'expérience. Les animaux ni mâles ni femelles se mirent à chercher les provendes quotidiennes selon leurs habitudes. Sur un signe de Béhémoth, les animaux de sexes différents se mêlèrent et s'accouplèrent selon leurs goûts et leurs races.

Or, l'enchanteur mort avait tout entendu et comme il détestait les troupeaux, les peuplades et toute congrégation en général, il eut une violente colère et cria; et sa voix fut inouïe dans la forêt florale et ensoleillée.

VOIX DE L'ENCHANTEUR

Bêtes en folie, êtes-vous si loin de votre prochaine métamorphose que la brute des brutes, le Béhémoth tranquille et sans origine, ait pu vous persuader? Ne voyez-vous pas? Il est immobile, ce dictateur. Croyez-moi je vous aime et sais le nom de chacune de vous. Séparez-vous et ne vous fréquentez pas, sinon quand vous aurez faim pour vous dévorer.

Les bêtes n'entendirent pas la voix de l'enchanteur et continuèrent leurs copulations mortuaires sous la dictature inféconde de Béhémoth.

Or, à partir du moment où le chevalier Tyolet avait sifflé, l'enchanteur concevait qu'un grand travail s'accomplissait dans son cadavre. Tous les êtres parasites et latents qui s'ennuient pendant la vie humaine se hâtaient, se rencontraient et se fécondaient, car c'était l'heure de la putréfaction. L'enchanteur maudit toutes ces hordes, mais connut que le travail qui consiste à dénuder la blancheur des périostes, est bon et nécessaire. Il se réjouit même en songeant que son cadavre serait plein de vie quelque temps encore.

L'ENCHANTEUR POURRISSANT

Sifflement, appel humain dès l'origine, tu réunis les premières peuplades. Tu fus cause des premiers troupeaux. Le chevalier avait bonne mémoire, il s'est souvenu du sifflement originel. Voilà le mal. Antique sifflement, tu opères aujourd'hui ma putréfaction. Mon corps, mon pauvre corps, il est bon que tu pourrisses sous terre. Les tombeaux sont plus sincères que les urnes, mais ils tiennent trop de place. Bêtes en folie *, allez loin du Béhémoth sans origine et, je vous le dis, faites du feu, cherchez du feu, trouvez du vrai feu, et puis, si par bonheur vous en avez pu dérober, brûlez les cadavres. Allons, les bêtes, l'heure folle est passée; maintenant commence le jeu proprement dit. Qui mourra le premier? Pauvres bêtes, aux yeux tristes, séparez-vous, il est temps encore, cessez le jeu mortuaire dont ne profitera que Béhémoth.

Or, les animaux continuaient leur expérience galante et funèbre. La dame du lac à qui l'enchanteur avait communiqué sa haine des troupeaux, des peuplades et de toute congrégation en général s'émut aussi.

LA DAME DU LAC

Bêtes! Tant de bêtes, mais aucun poisson ni de mer, ni d'eau douce! Lâcheté du sifflement qui appelle et réunit. Je crie! Mes cris sont pleins de bravoure, ils effrayent et dispersent. Bêtes, dispersez-vous d'effroi! Vaches maigres, vaches grasses, signes d'un songe matinal et véridique, quelle famine et quelle abondance annoncez-vous? Dispersez-vous, animaux prestigieux ou vivants!

La voix de la dame du lac éveilla les échos de la forêt florale et ensoleillée. Les animaux cessèrent leurs copu-

lations et s'enfuirent tristes et effrayés. Béhémoth disparut sur place sans cesser d'être immobile. Léviathan courut jusqu'au fleuve prochain et flottant au fil de l'eau gagna l'Océan, sous lequel il s'enfonça sans donner de démenti à la dame du lac, au sujet des poissons. Les autres animaux se dispersèrent et leurs cris divers troublèrent longtemps la joie de la dame assise sur la tombe tiède et chargée de présents.

L'ENCHANTEUR POURRISSANT

Pour la première fois, je regrette d'être mort et illogique. Le jeu, bien qu'interrompu, doit avoir eu un résultat. Certainement, les animaux savent qui est mort le premier. Il est impossible qu'il n'y ait point de cadavre aux environs de mon tombeau.

Mais la dame du lac n'entendit pas la voix de Merlin et n'eut pas la curiosité de connaître les résultats du jeu. Mais le bruit de cette association s'était répandu. A partir du crépuscule, ce fut dans la clairière un passage ininterrompu de fondateurs de cités. Vinrent d'abord les neufs Telchins, graves et nus, qui s'arrêtèrent dans la clairière.

LES TELCHINS

Voici le lieu de la nouvelle cité déjà déserte, le sol est criblé de tanières, de fourmilières, les creux des arbres recélaient les essaims. Aux branches pendent des nids lamentables pleins d'œufs inutiles. Les animaux se sont enfuis. Le dictateur a disparu quoique immobile. Ô Linde, cité des roses, que nous bâtîmes dans Rhodes, seras-tu semblable à cette ville délaissée, un jour. Ô Linde, ville heureuse, fruit de notre exil. Cité des animaux, il ne restera rien de toi, pas même un nom. Il y a des morts dans la ville abandonnée!

Les Telchins ramassèrent quelques corps qui gisaient sur le sol de la clairière.

La dame du lac, à ce moment s'endormit de lassitude sur la tombe tiède et chargée de présents.

L'ENCHANTEUR POURRISSANT

Voici un instant divin, je vais connaître le résultat du jeu. Qui est mort le premier ou le dernier? Mais il est nécessaire de dire : le premier *.

LES TELCHINS

Ceux qui moururent étaient des êtres ailés.

Les Telchins déposèrent pieusement les corps là où ils les avaient trouvés et s'en allèrent dans la direction de la mer que les premiers ils ont domptée.

L'ENCHANTEUR

Les premiers morts furent des êtres ailés. Enfin, je sais la vérité sur la mort et sur les ailes.

Vint ensuite un homme de haute stature qui s'arrêta longtemps au lieu où gisait Béhémoth. Il ramassa un à un les corps ailés, les palpa et les rejeta d'un air triste. Or, à ce moment, la nuit était venue, et de nouveau, la forêt fut profonde et obscure.

CADMUS

Étrange cité où tant de races s'étaient réunies! Dès les premiers morts, la ville a été abandonnée. Et les morts? Tous ailés et sans dents. Ville heureuse qui ne connaîtra ni les terreurs de la Thébaïde, ni les affres des famines, ni la désolation du manque d'eau. Je suis venu en vain, dentiste adroit. Les premiers morts étaient ailés et sans dents.

Et Cadmus se dirigea vers l'est et, par étapes, gagna la Hongrie dans l'espoir de trouver, au-delà, des fontaines gardées par des dragons.

Ensuite vint un homme maigre, aux yeux effrayants, qui s'accroupit et serra ardemment un crucifix sur sa poitrine *.

SAINT SIMÉON STYLITE

Involontairement, j'ai fondé une ville. Les hommes s'étaient réunis autour de ma colonne; c'est ainsi que naquit la ville inutile. Ainsi par mon orgueil de souffrir, je suis cause de tous les péchés de ma ville pécheresse. Animaux, vous avez mal fait de vous disperser. Dieu aime ceux qui se réunissent et disent ainsi sa gloire. Il enjoignit à Noé de réunir dans l'arche deux couples de tous les animaux. Il bénit les troupeaux de Laban. Il réunit les chiens sur le corps de l'impie Jézabel. Seigneur, tu n'as fait mourir que des êtres ailés, ceux que tu préfères. Seigneur, tes anges ont des ailes. Moi, le maudit aux terribles miracles, j'étais perché sur une haute colonne comme un oiseau, et, accomplissant des miracles, j'étais assailli de tentations selon la température. Ardabure tira des flèches sur moi comme sur un oiseau.

L'ENCHANTEUR

Tu délaissas les villes et la terre qui supporte les villes. Plus haut que la terre, tu fus trompé par le voisinage des oiseaux; or, ces premiers mourants ne sont bons qu'à prédire. Leurs vols sont annonciateurs et maudits. Que nul n'imite l'être ailé, premier mourant. Que parles-tu des ailes angéliques? Je ne suis point ailé et pourtant je suis un ange, sauf le baptême. Toi-même, tu es un ange, sauf le baptême, ô Miraculeux!

SAINT SIMÉON STYLITE

Souviens-toi longtemps encore de ton baptême. Adieu, toi qui contrastes avec moi comme le caveau mortuaire et souterrain contraste avec la colonne qui s'élance au ciel *.

Il s'en alla. Les vers se hâtaient dans le corps de l'enchanteur. La nuit passa, et, à l'aurore, les premiers rayons solaires réveillèrent la dame du lac. Elle ouvrit languissamment les paupières et aperçut en l'air une seule plume d'aile qui feuillolait encore.

Dans la forêt profonde et ancienne, la nuit était silencieuse *.

Un chevalier de cuivre, géant et merveilleux, arriva au pied d'un roc abrupt qui supportait un château sourcilleux. Le chevalier dirigea son auferant dans un sentier détourné qui menait au portail. Le corneur, veillant en haut d'une tour, s'aperçut de la venue du chevalier. Le cor sonna, et lorsque le chevalier de cuivre, géant et merveilleux, fut arrivé près du fossé où brillait un reflet de lune, il entendit venir de la tour une voix disant : « Que demandez-vous ? » Il répondit : « L'aventure de ce château **. »

Dans Orkenise endormie, les chiens dans les cours gémissaient vers la lune. Les portes de la ville étaient closes. D'une maison qui faisait partie des remparts, et dont les fenêtres donnaient sur la campagne et la route qui longe les remparts d'Orkenise, venait une voix de femme qui chantait ineffablement :

A Orkenise, pour un bel orfèvre blond
Les filles, chaque nuit, s'endormaient, indécises,
C'est un soir, quand s'en vient la dame très éprise
Chez le plus bel orfèvre pâle d'Orkenise.

« Viens, la main dans la main, trouver un clair vallon.
Tu auras pour fermail de ton col mes doigts blêmes,
A orfévrer nos cheveux d'or, ô toi que j'aime.
Nous nous aimerons à en perdre le baptême. »

Dans les vergers de la contrée d'Escavalon,
Les filles ont pleuré, chaque année, leur méprise *.
Au val, les bras sont las, les chevelures grises,
Ces lourds joyaux de cet orfèvre d'Orkenise!...

A la faible clarté des lampes fumeuses, la reine
accouchait, dans son palais, à Camalot. Les sages-
femmes se pressaient autour du lit; la troupe de méde-
cins aux chaperons sombres, fourrés d'hermine, surveillait
à l'écart. Le roi guerroyait aux contrées lointaines. Dou-
loureusement, la reine mit au monde une fillette, puis
une autre. La salle, qui avait rententi des cris de douleur
de l'accouchée, s'emplit de vagissements.

Le portail s'ouvrit et laissa pénétrer le chevalier de
cuivre, géant et merveilleux. Mais nul bruit ne troublait
le château dormant. Ayant laissé son auferant dans une
cour, le chevalier gravit les degrés. Prêt à daguer les
hommes et les monstres, il s'avança à travers les salles
désertes que la lune éclairait seule.

Sur la route qui longe les remparts d'Orkenise trois
jongleurs passant, ayant levé la tête, virent que la dame
qui chantait se peignait à sa fenêtre. Au moment où
ils passèrent, un objet tomba à leurs pieds. L'un d'eux,
s'étant baissé, ramassa un peigne plein de cheveux.

On plaça les princesses jumelles dans leurs berceaux parés. Alors entra un nain hideux suivi d'un astrologue. Le nain bégaya ces mots : « Sont-ce bien les filles de notre sire ? Elles ont juste ma taille ! » Les chambrières étouffèrent des rires et les médecins murmuraient lorsqu'entra le chapelain pour ondoyer les princesses jumelles.

Le chevalier de cuivre, géant et merveilleux, entra dans une salle obscure qui s'éclaira soudain et il vit une guivre horrible qui serpentait vers lui. Le chevalier s'apprêtait à combattre, lorsqu'il sentit naître un amour

profond et pitoyable, car le monstre avait des lèvres
de femme, des lèvres humides qui s'approchaient des
siennes. Leurs deux bouches se touchèrent et pendant
le baiser, la guivre se changea en princesse réelle et
amoureuse, tandis que le château s'éveillait.

Dans le matin blanc, les jongleurs cheminaient. Ils
tenaient alternativement le peigne chu par mégarde.
Et la dame, à Orkenise, tous les soirs de lune chanta à
sa fenêtre.

Quand le chapelain eut ondoyé les princesses jumel-
les et qu'il fut sorti, entrèrent les fées marraines, qui
douèrent leurs filleules, pendant que l'accouchée som-
meillait, que les chambrières caquetaient et que les
vieilles filaient. Aux premières lueurs de l'aube, les fées
s'enfuirent précipitamment par les cheminées.

Couché dans le sépulcre *, l'enchanteur pensait aux poissons et aux êtres ailés. Sur le sol de la clairière, au soleil, pourrissaient les corps des premiers morts, êtres ailés. Sur la tombe tiède et chargée de présents, la dame du lac s'ennuyait. Depuis longtemps, elle n'entendait plus la voix de l'enchanteur. Dans sa solitude, elle regrettait le temps où, danseuse infatigable, elle enchantait l'enchanteur, le temps où elle trompait son amour. La dame rêvait de son palais plein de lueurs de gemmes, au fond du lac **.

Six hommes arrivèrent dans la forêt. C'étaient ceux qui ne sont pas morts.

ÉNOCH

Si mon corps était mort, je serais mort tout entier. Je m'étonne, moi qui ne mourus pas mais reviendrai mourir, que tu sois mort avant de revenir.

L'ENCHANTEUR

Tu as vécu avant moi, longtemps avant moi, enchanteur antédiluvien. Tout est changé depuis que tu vis. Pourquoi ignores-tu ce qui s'est passé, puisque tu as toujours vécu ?

ÉNOCH

Épileptique, ne me fais rien avouer. N'interroge pas. Un sauveur nous a été promis dans les temps. Est-on bien sûr qu'il soit venu?

L'ENCHANTEUR

Pourquoi m'interroges-tu, toi, qui me · connais si bien? Patriarche, qui donc n'est pas un sauveur? Peut-être seras-tu toi-même le vrai sauveur quand tu reviendras mourir. Pour moi je l'avoue, j'ai été baptisé.

ÉNOCH

Hélas! je n'en puis dire autant. De mon temps l'eau ne valait pas grand-chose.

L'ENCHANTEUR

Ne me trouble plus, vieillard béat et insidieux. Laisse-moi en paix...

ÉNOCH

... Jusqu'à ce que tes os qui se disperseront se rejoignent!

ÉLIE

Prophète! que penses-tu de moi?

L'ENCHANTEUR

Hermaphrodite! Il est injuste que tu ne sois pas mort.

ÉLIE

Poète! Ne t'émeus pas, je reviendrai mourir comme tous les hermaphrodites. Quant à toi, les quinze signes du jugement dernier ne te ressusciteraient pas.

L'ENCHANTEUR

Tu es un mauvais prophète.

ÉLIE

Homme! je te le jure, tu espères trop en la pourriture.

L'ENCHANTEUR

Tu te trompes! Je préférerais avoir été brûlé et il vaudrait mieux que tu eusses été brûlé.

ÉLIE

Je ne suis pas un cadavre, mais un prophète glorieux.

L'ENCHANTEUR

Tu n'es qu'un hermaphrodite *.

EMPÉDOCLE

Philosophe du tombeau, pourquoi es-tu mort et pourquoi tout le monde sait-il que tu es mort?

L'ENCHANTEUR

Je suis mort par amour.

EMPÉDOCLE

Tu savais tout.

APOLLONIUS DE TYANE

Me répondrais-tu mieux que les gymnosophistes **?

L'ENCHANTEUR

Ô puceau philosophe, abstiens-toi de fèves, proclame tes métempsycoses, sois vêtu de blanc, mais ne doute pas de la mort, en Occident. On conserve et on vénère ton tombeau, tu le sais, à Linde, dans l'île de Rhodes. Tu n'as pas assez voyagé.

ISAAC LAQUÉDEM

Ai-je assez voyagé, depuis Jérusalem?

L'ENCHANTEUR

Ô riche voyageur, je suis incirconcis et baptisé *, et pourtant j'ai été à Jérusalem, mais par d'autres chemins que le chemin de la croix, et j'ai été à Rome par d'autres chemins que tous ceux qui y mènent. Tu as beau savoir sans pouvoir enseigner, tu as beau voir sans pouvoir indiquer...

ISAAC LAQUÉDEM

Adieu!

L'ENCHANTEUR

Hâte-toi! Je savais tout ce qui me ressemble.

SIMON LE MAGICIEN

Connais-tu les ailes?

L'ENCHANTEUR

Il y a peu de jours, les êtres ailés sont morts les premiers dans la forêt.

SIMON LE MAGICIEN

A cause de leurs ailes?

L'ENCHANTEUR

Peut-être.

SIMON LE MAGICIEN

A quoi te sert-il d'être mort si tu ne peux rien répondre de précis? Je te ferai un beau présent, mais dis-moi la vérité puisque tu savais tout.

L'ENCHANTEUR

Tout ce qui me ressemble. As-tu l'intention de m'offrir du pain?

SIMON LE MAGICIEN

Du pain! Mais de quel pain as-tu envie? De pain sans levain?

L'ENCHANTEUR

De pain pétri, de bon pain! Veux-tu m'en donner?

SIMON LE MAGICIEN

Demande-moi plutôt un miracle.

L'ENCHANTEUR

Tes miracles sont inutiles.

SIMON LE MAGICIEN

Les ailes seraient-elles inutiles?

EMPÉDOCLE

Parle du suicide, toi qui es vivant dans ta tombe.

L'ENCHANTEUR

Quand le fruit est mûr, il se détache et n'attend pas que le jardinier vienne le cueillir. Qu'ainsi fasse l'homme, le fruit qui mûrit librement sur l'arbre de la lumière. Mais, vous qui ne mourûtes pas, qui êtes six dans la forêt, comme les doigts de la main, et un poignard dans la main, que ne vous serrez-vous, que ne vous repliez-vous? Ô doigts qui pourriez fouiller; ô poing qui pourrait poignarder; ô main qui pourrait battre, qui pourrait indiquer, qui pourrait gratter la pourriture. Antédiluvien! Hermaphrodite! Juif errant! Volcanique! Magicien! Puceau! Vous n'êtes pas morts, vous êtes six comme les doigts de la main et un poignard dans la main, que n'agissez-vous comme la main qui poignarde? Hélas! Il y a trop longtemps que vous n'êtes pas immortels.

APOLLONIUS DE TYANE

Le silence rend immortel.

L'ENCHANTEUR

Tais-toi, silencieux *!

Ce jour-là, les oiseaux chantaient et la dame du lac s'ennuyait assise sur la tombe tiède et chargée de présents. Une libellule volait dans la clairière, et, comme elle revenait toujours auprès de la tombe, la dame du lac s'amusa à suivre des yeux son vol. La libellule entraînait sa chrysalide vide et la dame du lac reconnut bientôt cette libellule.

LA DAME DU LAC

Demoiselle, qui viens récréer ma solitude, est-ce bien à cause de toi qu'à de certains jours mêlés de pluie et de soleil, on dit que le diable bat sa femme? Le diable aurait-il donc des préjugés lui aussi et sa femme n'at-elle aucun scrupule? Ô libellule, ton amour, tout ton amour ne doit pas peser en tout un scrupule et pourtant vous vous aimez demoiselle et diablesse. Le diable lui-même se rapetisse tant à de certains jours qu'il ne pèse plus en tout un scrupule, comme ton amour de libellule; et il te chevauche ce petit diable à de certains jours. Moi, qui ne suis pas une diablesse, qui ne suis pas même une enchanteresse, mais une incantation, j'ai repoussé tout amour d'homme, moi aussi, comme toi et la diablesse, et j'ai trompé l'amour de l'enchanteur. Je suis comme toi et la diablesse; je

trouve que le diable, l'enchanteur et tous les hommes
sont trop vieux. Aucun homme ne peut nous aimer
parce que toutes nous sommes d'un autre âge, trop
ancien ou même à venir. Les hommes nous prennent
toutes pour des fantômes; que fait-on avec les fan-
tômes? On leur demande des prédictions, on en a peur,
puis après quelque temps on essaye de les saisir. Hélas!
comment saisir le fantôme. Seraient-ils six hommes,
ils ne saisiraient pas le fantôme. C'est pour cela, pour ce
manque de tact que nous sommes sans amour, sans
amitié. Ce qui nous lasse, c'est d'être regardées comme
des fantômes, bons tout au plus à prédire. L'accouche-
ment c'est notre meilleure prédiction, la plus exacte
et la plus nôtre. Les hommes le savent. Le véritable
tort du diable, de l'enchanteur et de tous les hommes,
c'est de nous croire des fantômes, c'est de nous traiter
en fantômes, nous qui ne sommes qu'éloignées, mais
éloignées en avant et en arrière, si bien que l'homme est
au centre de notre éloignement; nous l'entourons
comme un cercle. On ne saisit pas le printemps, on vit
en lui, au centre de son éloignement et l'on n'appelle pas
le bon printemps fleuri, un fantôme. L'homme devrait
vivre en nous comme dans le printemps. Il n'a pas
toujours le printemps, mais il nous a toujours : une
incantation, la diablesse ou la libellule. Au lieu de cette
bonne vie au centre de notre éloignement, il préfère
chercher à nous saisir afin que l'on s'entr'aime.

L'ENCHANTEUR

Les femmes ne connaissent pas l'amour, et l'homme,
l'homme ne peut-il aimer cet amour incarné dans
la femme? Personne n'a pris l'habitude d'aimer. Les
femmes souhaitent l'amour; et les hommes, les
hommes, que désirent-ils *?

L'enchanteur avait à la disposition de sa voix les mirages laissés par Morgane. Il voulut en évoquer deux à la fois et cria par trois reprises : « Les deux plus savants en amour parmi les sages! »

Et la voix de l'enchanteur suscita les mirages de Salomon et de Socrate. Il leur dit : « Que préférez-vous ? »

SALOMON

Rien ne vaut le... d'une boiteuse.

SOCRATE

Rien ne vaut le... d'un teigneux.

Les mirages se dissipèrent. La dame du lac, qui n'avait pas entendu la voix de l'enchanteur, remarqua les mirages et entendit les voix lointaines. La libellule s'en était allée, la dame du lac lui attribua les apparitions sotadiques.

LA DAME DU LAC

Elle a réussi, la libellule. Que les filles soient boiteuses et les garçons teigneux! Les pères de famille estropieront leurs filles, et cultiveront les têtes venimeuses des enfants mâles. Mais, des filles vivent encore sans boiter. Elles se vengeront peut-être. Non! qu'elles ne se vengent pas, car elles sont pudiques. Ne pas se venger, c'est se taire. Qu'elles se taisent les pudiques, car être pudique, c'est se taire comme le protomartyr Étienne qui ne comptait pas les pierres de sa lapidation.

Levant les yeux, la dame du lac vit au-dessus d'elle, quatre mouches qui dansaient.

LA DAME DU LAC

Les mouches me ressemblent, les danseuses. Mais elles ne sont pas solitaires, ces mouches qui ballent en

l'air, quand le printemps défleurit pour finir. Elles
viennent quatre, quelquefois cinq, ces mouches, pour
baller. Elles se placent en rectangle, une mouche à
chaque angle, et la cinquième, s'il y a lieu, au milieu.
Et elles ballent alors, pendant des heures, se rappro-

chant l'une de l'autre et se fuyant deux par deux, dia-
gonalement. Elles dansent longtemps, légèrement et
voluptueusement. Et puis, enfin lasses, les mouches
volent vers les putréfactions. Après le vol de la libel-
lule amoureuse, c'est la danse des mouches. Les mou-
ches sont aussi infernales que la demoiselle. Après
leur danse, elles veulent des mets putréfiés et désirent
la mort de tout ce qui se putréfiera. La danse des mou-
ches est une danse funèbre pour toute mort et pour la
leur aussi, car l'araignée ourdit sa toile entre le tronc
et la branche, et un rayon joue sur les fils déjà tissés,
et le vent fait peut-être vibrer agréablement les fils
déjà tissés.

Circé a passé dans la forêt. Il n'y a plus d'homme sur
terre à cause du pouvoir de l'enchanteresse. Chaque
homme est aujourd'hui à la fois un troupeau de pour-
ceaux et son gardien. Le gardien montre le ciel aux
pourceaux qui reniflent et grognent vers la terre. Le
gardien les force à coups d'aiguillon à soulever leurs
groins et ils reniflent vers le ciel, les pourceaux gour-
mands. Il y a une auge au ciel : ce grand soleil tout

plein de perdition. Pourceaux et gardien marchent sur le ciel, le dos tourné à la terre. La nuit s'en vient, il ne reste plus qu'une lune vide. Les pourceaux grognent vers leur terre qui est maintenant une planète au fond de leur nouveau ciel. Le gardien a dit au troupeau en l'aiguillonnant : « Pour voir la terre, il faut être au ciel. » Hélas! ceux dont le sol est le ciel, comment verraient-ils la terre en lui tournant le dos?

L'ENCHANTEUR *

Dame que j'aimais, pour qui donnes-tu tes symboles dans la forêt, où seul je t'entends? Tu parles de l'homme, tu parles de ce troupeau mal gardé qui s'en va vers le soleil. Que dirai-je de la femme, ce printemps inutile pour la troupe de pourceaux et son gardien, puisque le sol n'est pas jonché de glands sous les chênes au printemps?

LA DAME DU LAC

Ô joie! je t'entends encore, mon amant, qui savais tout ce que je sais.

L'ENCHANTEUR

Toi que j'aimais, ne parle pas en vain. La femme et l'homme ne se ressemblent pas et leurs enfants leur ressemblent.

Mais nous nous ressemblons, parce que je t'ai tout appris, tout ce qui me ressemble. Nous nous ressemblons et n'avons pas d'enfants qui nous ressemblent. Ô toi que j'aimais, tu me ressembles.

Nous nous ressemblons, mais l'homme et la femme ne se ressemblent pas. Lui, c'est un troupeau avec son berger, c'est un champ avec son moissonneur, c'est un monde avec son créateur. Elle, c'est le printemps inutile, l'océan jamais calme, le sang répandu. Ô toi

que j'aimais, toi qui me ressembles, tu ressembles aussi
à toutes les autres femmes.

La dame assise sur la tombe tiède de l'enchanteur
songeait au printemps qui défleurissait pour finir.

L'ENCHANTEUR

Toi que j'aimais, je sais tout ce qui me ressemble
et tu me ressembles; mais tout ce qui te ressemble ne
me ressemble pas. Ô toi que j'aimais, te souviens-tu
de notre amour? Car tu m'aimais! Te souviens-tu
de nos tendresses qui étaient l'été pendant l'hiver. Te
rappelles-tu? Je pleurais à tes genoux, d'amour et de
tout savoir, même ma mort, qu'à cause de toi je chéris-
sais, à cause de toi qui n'en pouvais rien savoir. Au temps
de ma vie pour notre amour je pensais à toi, même pen-
dant les plus terribles crises d'épilepsie. Ô toi que
j'aimais et pour qui les vers, depuis ma naissance, ô
temps de la moelle fœtale, patientèrent, dis-moi la vérité...

A cet instant qui était celui où, défleuri, le printemps
finissait, la dame du lac pâlit, se dressa, souleva avec
une hâte audacieuse sa robe immaculée et s'éloigna
de la tombe; mais la voix de l'enchanteur s'éleva plus
forte en une question désespérée d'amour survivant au
trépas, une question qui voulait tant une réponse que
la dame, à quelques pas du tombeau hésita tandis que
coulaient le long de ses jambes les larmes rouges de la
perdition.

Mais, soudain, la dame du lac s'élança, et, laissant derrière elle une traînée de sang, courut longtemps, sans se retourner. Des pétales feuillolaient, détachés des arbres aux feuillards défleuris en l'attente de fructifier. La dame ne s'arrêta qu'au bord de son lac. Elle descendit lentement la pente que surbaigne l'onde silencieuse, et s'enfonçant sous les flots danseurs, gagna son beau palais dormant, plein de lueurs de gemmes, au fond du lac.

ONIROCRITIQUE

Les charbons du ciel étaient si proches que je craignais leur ardeur. Ils étaient sur le point de me brûler. Mais j'avais la conscience des éternités différentes de l'homme et de la femme. Deux animaux dissemblables s'accouplaient et les rosiers provignaient des treilles qu'alourdissaient des grappes de lune. De la gorge du singe, il sortit des flammes qui fleurdelisèrent le monde. Dans les myrtaies, une hermine blanchissait. Nous lui demandâmes la raison du faux hiver. J'avalai des troupeaux basanés. Orkenise parut à l'horizon. Nous nous dirigeâmes vers cette ville en regrettant les vallons où les pommiers chantaient, sifflaient et rugissaient. Mais le chant des champs labourés était merveilleux :

> Par les portes d'Orkenise
> Veut entrer un charretier.
> Par les portes d'Orkenise
> Veut sortir un va-nu-pieds.
>
> Et les gardes de la ville
> Courant sus au va-nu-pieds :
> « Qu'emportes-tu de la ville ? »
> « J'y laisse mon cœur entier. »

Et les gardes de la ville
Courant sus au charretier
« Qu'apportes-tu dans la ville ? »
« Mon cœur pour me marier. »

Que de cœurs dans Orkenise !
Les gardes riaient, riaient.
Va-nu-pieds la route est grise.
L'amour grise, ô charretier.

Les beaux gardes de la ville
Tricotaient superbement;
Puis, les portes de la ville
Se fermèrent lentement.

Mais j'avais la conscience des éternités différentes de l'homme et de la femme. Le ciel allaitait ses pards. J'aperçus alors sur ma main des taches cramoisies. Vers le matin, des pirates emmenèrent neuf vaisseaux ancrés dans le port. Les monarques s'égayaient. Et, les femmes ne voulaient pleurer aucun mort. Elles préfèrent les vieux rois, plus forts en amour que les vieux chiens. Un sacrificateur désira être immolé au lieu de la victime. On lui ouvrit le ventre. J'y vis quatre I, quatre O, quatre D. On nous servit de la viande fraîche et je grandis subitement après en avoir mangé. Des singes pareils à leurs arbres violaient d'anciens tombeaux. J'appelai une de ces bêtes sur qui poussaient des feuilles de laurier. Elle m'apporta une tête faite d'une seule perle. Je la pris dans mes bras et l'interrogeai après l'avoir menacée de la rejeter dans la mer si elle ne me répondait pas. Cette perle était ignorante et la mer l'engloutit.

Mais, j'avais la conscience des éternités différentes de l'homme et de la femme. Deux animaux dissemblables s'aimaient. Cependant les rois seuls ne mouraient

point de ce rire et vingt tailleurs aveugles vinrent dans
le but de tailler et de coudre un voile destiné à couvrir
la sardoine. Je les dirigeai moi-même, à reculons. Vers
le soir, les arbres s'envolèrent, les singes devinrent
immobiles et je me vis au centuple. La troupe que j'étais
s'assit au bord de la mer. De grands vaisseaux d'or
passaient à l'horizon. Et quand la nuit fut complète,
cent flammes vinrent à ma rencontre. Je procréai cent
enfants mâles dont les nourrices furent la lune et la
colline. Ils aimèrent les rois désossés que l'on agitait
sur les balcons. Arrivé au bord d'un fleuve, je le pris
à deux mains et le brandis. Cette épée me désaltéra.
Et la source languissante m'avertit que si j'arrêtais le
soleil je le verrais carré, en réalité. Centuplé, je nageai
vers un archipel. Cent matelots m'accueillirent et
m'ayant mené dans un palais, ils m'y tuèrent quatre-
vingt-dix-neuf fois. J'éclatai de rire à ce moment et
dansai tandis qu'ils pleuraient. Je dansai à quatre pattes.
Les matelots n'osaient plus bouger, car j'avais l'aspect
effrayant du lion...

À quatre pattes, à quatre pattes.

Mes bras, mes jambes se ressemblaient et mes yeux
multipliés me couronnaient attentivement. Je me rele-
vai ensuite pour danser comme les mains et les feuilles.

J'étais ganté. Les insulaires m'emmenèrent dans leurs
vergers pour que je cueillisse des fruits semblables à
des femmes. Et l'île, à la dérive, alla combler un golfe
où du sable aussitôt poussèrent des arbres rouges. Une
bête molle couverte de plumes blanches chantait ineffa-
blement et tout un peuple l'admirait sans se lasser. Je
retrouvai sur le sol la tête faite d'une seule perle et qui
pleurait. Je brandis le fleuve et la foule se dispersa. Des
vieillards mangeaient l'ache et immortels ne souffraient
pas plus que les morts. Je me sentis libre, libre comme
une fleur en sa saison. Le soleil n'est pas plus libre qu'un

fruit mûr. Un troupeau d'arbres broutait les étoiles
invisibles et l'aurore donnait la main à la tempête. Dans
les myrtaies, on subissait l'influence de l'ombre. Tout
un peuple entassé dans un pressoir saignait en chantant.
Des hommes naquirent de la liqueur qui coulait du
pressoir. Ils brandissaient d'autres fleuves qui s'entre-
choquaient avec un bruit argentin. Les ombres sor-
tirent des myrtaies et s'en allèrent dans les jardinets
qu'arrosait un sourgeon d'yeux d'hommes et de bêtes.
Le plus beau des hommes me prit à la gorge, mais je
parvins à le terrasser. A genoux, il me montra les dents.
Je les touchai; il en sortit des sons qui se changèrent
en serpents de la couleur des châtaignes et leur langue
s'appelait Sainte-Fabeau. Ils déterrèrent une racine
transparente et en mangèrent. Elle était de la grosseur
d'une rave. Et mon fleuve au repos les surbaigna sans
les noyer. Le ciel était plein de fèces et d'oignons. Je
maudissais les astres indignes dont la clarté coulait
sur la terre. Nulle créature vivante n'apparaissait plus.
Mais des chants s'élevaient de toutes parts. Je visitai
des villes vides et des chaumières abandonnées. Je
ramassai les couronnes de tous les rois et en fis le
ministre immobile du monde loquace. Des vaisseaux d'or,
sans matelots, passaient à l'horizon. Des ombres gigan-
tesques se profilaient sur les voiles lointaines. Plu-
sieurs siècles me séparaient de ces ombres. Je me déses-
pérai. Mais, j'avais la conscience des éternités diffé-
rentes de l'homme et de la femme. Des ombres dissem-
blables assombrissaient de leur amour l'écarlate des
voilures, tandis que mes yeux se multipliaient dans les
fleuves, dans les villes' et dans la neige des montagnes.

Les mamelles de Tirésias

DRAME SURRÉALISTE
EN DEUX ACTES ET UN PROLOGUE

PRÉFACE

Sans réclamer d'indulgence, je fais remarquer que ceci est une œuvre de jeunesse, car sauf le Prologue et la dernière scène du deuxième acte qui sont de 1916, cet ouvrage a été fait en 1903, c'est-à-dire quatorze ans avant qu'on ne le représentât.

Je l'ai appelé drame qui signifie action pour établir ce qui le sépare de ces comédies de mœurs, comédies dramatiques, comédies légères qui depuis plus d'un demi-siècle fournissent à la scène des œuvres dont beaucoup sont excellentes, mais de second ordre et que l'on appelle tout simplement des pièces.

Pour caractériser mon drame je me suis servi d'un néologisme qu'on me pardonnera car cela m'arrive rarement et j'ai forgé l'adjectif surréaliste qui ne signifie pas du tout symbolique comme l'a supposé M. Victor Basch, dans son feuilleton dramatique, mais définit assez bien une tendance de l'art qui si elle n'est pas plus nouvelle que tout ce qui se trouve sous le soleil n'a du moins jamais servi à formuler aucun credo, aucune affirmation artistique et littéraire.

L'idéalisme vulgaire des dramaturges qui ont succédé à Victor Hugo a cherché la vraisemblance dans une couleur locale de convention qui fait pendant au naturalisme en trompe-l'œil des pièces de mœurs dont on trouverait l'origine bien avant Scribe, dans la comédie larmoyante de Nivelle de la Chaussée.

Et pour tenter, sinon une rénovation du théâtre, du moins un effort personnel, j'ai pensé qu'il fallait revenir à la nature même, mais sans l'imiter à la manière des photographes.

Quand l'homme a voulu imiter la marche, il a créé la roue qui ne ressemble pas à une jambe. Il a fait ainsi du surréalisme sans le savoir.

Au demeurant, il m'est impossible de décider si ce drame est sérieux ou non. Il a comme but d'intéresser et d'amuser. C'est le but de toute œuvre théâtrale. Il a également pour but de mettre en relief une question vitale pour ceux qui entendent la langue dans laquelle il est écrit : le problème de la repopulation.

J'aurais pu faire sur ce sujet qui n'a jamais été traité une pièce selon le ton sarcastico-mélodramatique qu'ont mis à la mode les faiseurs de « pièces à thèse ».

J'ai préféré un ton moins sombre, car je ne pense pas que le théâtre doive désespérer qui que ce soit.

J'aurais pu aussi écrire un drame d'idées et flatter le goût du public actuel qui aime à se donner l'illusion de penser.

J'ai mieux aimé donner un libre cours à cette fantaisie qui est ma façon d'interpréter la nature, fantaisie, qui selon les jours, se manifeste avec plus ou moins de mélancolie, de satire et de lyrisme, mais toujours, et autant qu'il m'est possible, avec un bon sens où il y a parfois assez de nouveauté pour qu'il puisse choquer et indigner, mais qui apparaîtra aux gens de bonne foi.

Le sujet est si émouvant à mon avis, qu'il permet même que l'on donne au mot drame son sens le plus tragique ; mais il tient aux Français que, s'ils se remettent à faire des enfants, l'ouvrage puisse être appelé, désormais, une farce. Rien ne saurait me causer une joie aussi patriotique. N'en doutez pas, la réputation dont jouirait justement, si on savait son nom, l'auteur de la Farce de Maistre Pierre Pathelin m'empêche de dormir.

On a dit que je m'étais servi des moyens dont on use dans les revues : je ne vois pas bien à quel moment. Ce reproche toutefois n'a rien qui puisse me gêner, car l'art populaire est un fonds excellent et je m'honorerais d'y avoir puisé si toutes mes scènes ne s'enchaînaient naturellement selon la fable que j'ai imaginée et où la situation principale : un homme qui fait des enfants, est neuve au théâtre et dans les lettres en général, mais ne doit pas plus choquer que certaines inventions impossibles des romanciers dont la vogue est fondée sur le merveilleux dit scientifique.

Pour le surplus, il n'y a aucun symbole dans ma pièce qui est fort claire, mais on est libre d'y voir tous les symboles que l'on voudra et d'y démêler mille sens comme dans les oracles sibyllins.

M. Victor Basch qui n'a pas compris, ou n'a pas voulu comprendre, qu'il s'agissait de la repopulation, tient à ce que mon ouvrage soit symbolique; libre à lui. Mais il ajoute : « que la première condition d'un drame symbolique, c'est que le rapport entre le symbole qui est toujours un signe et la chose signifiée soit immédiatement discernable ».

Pas toujours cependant et il y a des œuvres remarquables dont le symbolisme justement prête à de nombreuses interprétations qui parfois se contrarient.

J'ai écrit mon drame surréaliste avant tout pour les Français comme Aristophane composait ses comédies pour les Athéniens.

Je leur ai signalé le grave danger reconnu de tous qu'il y a pour une nation qui veut être prospère et puissante à ne pas faire d'enfants, et pour y remédier je leur ai indiqué qu'il suffisait d'en faire.

M. Deffoux, écrivain spirituel, mais qui m'a l'air d'être un malthusien attardé, fait je ne sais quel rapprochement saugrenu entre le caoutchouc [1] dont sont faits les ballons et les balles qui figurent les mamelles (c'est peut-être là que M. Basch voit un symbole) et certains vêtements recommandés par le néo-malthusianisme. Pour parler franc, ils n'ont rien à faire dans la question, car il n'y a pas de pays où l'on s'en serve moins qu'en France, tandis qu'à Berlin, par exemple, il ne se passe pas de jour qu'il ne manque de vous en tomber sur la tête pendant qu'on se promène dans les rues, tant les Allemands, race encore prolifique, en font un grand usage.

Les autres causes auxquelles avec la limitation des grossesses par moyens hygiéniques on attribue la dépopulation, l'alcoolisme par exemple, existent partout ailleurs et dans des proportions bien plus vastes qu'en France.

Dans un livre récent sur l'alcool, M. Yves Guyot ne remarquait-il pas que si dans les statistiques de

---

1. Pour me laver de tout reproche touchant l'usage des mamelles en caoutchouc voici un extrait des journaux prouvant que ces organes étaient de la plus stricte légalité.
Interdiction de la vente des tétines autres que celles en caoutchouc pur, vulcanisé à chaud. — A la date du 28 février dernier, a été promulguée au *Journal Officiel* la loi du 26 février 1917, modifiant l'article 1er de la loi du 6 avril 1910, qui ne visait que l'interdiction des biberons à tube.
Le nouvel article 1er de cette loi est désormais ainsi conçu :
Sont interdites la vente, la mise en vente, l'exposition et l'importation :
1o Des biberons à tube;
2o Des tétines et des sucettes fabriquées avec d'autres produits que le caoutchouc pur, vulcanisées par un autre procédé que la vulcanisation à chaud, et ne portant point, avec la marque du fabricant ou du commerçant, l'indication spéciale : « caoutchouc pur ».
Sont donc seules autorisées les tétines et sucettes fabriquées avec du caoutchouc pur et vulcanisées à chaud.

l'alcoolisme, la France venait au premier rang, l'Italie, pays notoirement sobre, venait au second rang! Cela permet de mesurer la foi que l'on peut accorder aux statistiques; elles sont menteuses et bien fol est qui s'y fie. D'autre part n'est-il pas remarquable que les provinces où l'on fait en France le plus d'enfants soient justement celles qui viennent au premier rang dans les statistiques de l'alcoolisme!

La faute est plus grave, le vice est plus profond, car la vérité est celle-ci : on ne fait plus d'enfants en France parce qu'on n'y fait pas assez l'amour. Tout est là.

Mais je ne m'étendrai pas davantage sur ce sujet. Il faudrait un livre tout entier et changer les mœurs. C'est aux gouvernants à agir, à faciliter les mariages, à encourager avant tout l'amour fécond, les autres points importants comme celui du travail des enfants seront ensuite facilement résolus pour le bien et l'honneur du pays.

Pour en revenir à l'art théâtral, on trouvera dans le prologue de cet ouvrage les traits essentiels de la dramaturgie que je propose.

J'ajoute qu'à mon gré cet art sera moderne, simple, rapide avec les raccourcis ou les grossissements qui s'imposent si l'on veut frapper le spectateur. Le sujet sera assez général pour que l'ouvrage dramatique dont il formera le fond puisse avoir une influence sur les esprits et sur les mœurs dans le sens du devoir et de l'honneur.

Selon le cas, le tragique l'emportera sur le comique ou inversement. Mais je ne pense pas que désormais, l'on puisse supporter, sans impatience, une œuvre théâtrale où ces éléments ne s'opposeraient pas, car il y a une telle énergie dans l'humanité d'aujourd'hui et dans les jeunes lettres contemporaines, que le plus grand malheur apparaît aussitôt comme ayant sa raison d'être, comme pouvant être regardé non seulement sous l'angle d'une ironie bienveillante qui permet de rire, mais encore sous l'angle d'un optimisme véritable qui console aussitôt et laisse grandir l'espérance.

Au demeurant, le théâtre n'est pas plus la vie qu'il interprète que la roue n'est une jambe. Par conséquent, il est légitime, à mon sens, de porter au théâtre des esthétiques nouvelles et frappantes qui accentuent le caractère scénique des personnages et augmentent la pompe de la mise en scène, sans modifier toutefois le pathétique ou le comique des situations qui doivent se suffire à elles-mêmes.

Pour terminer, j'ajoute que, dégageant des velléités littéraires contemporaines une certaine tendance qui est la mienne, je ne prétends nullement fonder une école, mais avant tout protester contre ce théâtre en trompe-l'œil qui forme le plus clair de l'art théâtral d'aujourd'hui. Ce trompe-l'œil qui convient, sans doute, au cinéma, est, je crois, ce qu'il y a de plus contraire à l'art dramatique.

J'ajoute, qu'à mon avis, le vers qui seul convient au théâtre, est un vers souple, fondé sur le rythme, le sujet, le souffle et pouvant s'adapter à toutes les nécessités théâtrales. Le dramaturge ne dédaignera pas la musique de la rime, qui ne doit pas être une sujétion dont l'auteur et l'auditeur se fatiguent vite désormais, mais peut ajouter quelque beauté au pathétique, au comique, dans les chœurs, dans certaines répliques, à la fin de certaines tirades, ou pour clore dignement un acte.

Les ressources de cet art dramatique ne sont-elles pas infinies ? Il ouvre carrière à l'imagination du dramaturge, qui rejetant tous les liens qui avaient paru nécessaires ou parfois renouant avec une tradition négligée, ne juge pas utile de renier les plus grands d'entre ses devanciers. Il leur rend ici l'hommage que l'on doit à ceux qui ont élevé l'humanité au-dessus des pauvres apparences dont, livrée à elle-même, si elle n'avait pas eu les génies qui la dépassent et la dirigent, elle devrait se contenter. Mais eux, font paraître à ses yeux des mondes nouveaux qui élargissant les horizons, multipliant sans cesse sa vision, lui fournissent la joie et l'honneur de procéder sans cesse aux découvertes les plus surprenantes.

A LOUISE MARION

Louise Marion vous fûtes admirable
Gonflant d'esprit tout neuf vos multiples tétons

La féconde raison a jailli de ma fable
Plus de femme stérile et non plus d'avortons
Votre voix a changé l'avenir de la France
Et les ventres partout tressaillent d'espérance

A MARCEL HERRAND

Vous fûtes le mari sublime ingénieux
Qui faisant des enfants nous suscite des dieux
Mieux armés plus unis plus savants plus dociles
Plus forts et plus hardis que nous n'avons été
La Victoire sourit à leurs destins habiles
Et célébrant dans l'ordre et la prospérité
Votre civique sens votre fécondité
Ils seront tous un jour l'orgueil de la Cité

A YÉTA DAESSLÉ

Étiez-vous bien à Zanzibar Monsieur Lacouf
Qui mourûtes et remourûtes sans dire ouf

Kiosque remuant qui portiez les nouvelles
Vous étiez un cerveau pour toutes les cervelles
Des pauvres spectateurs qui ne le savaient pas
Qu'il leur faut des enfants ou marcher au trépas

Vous fûtes par deux fois la presse qui féconde
Le bon sens en Europe ainsi qu'au Nouveau Monde
Déjà l'écho répète à l'envi vos échos

Merci chère Daesslé
                Les petits moricauds
Qui pullulaient au 2e acte de mon drame
Grâce à vous deviendront de bons petits Français
Blancs et roses ainsi que vous êtes Madame
            Ce sera là notre succès

A JULIETTE NORVILLE

Voici le temps Madame où parlent les gens d'armes
J'en suis et c'est pourquoi suscitant les alarmes
J'ai parlé
            Vous étiez sur votre beau cheval
Vous représentiez l'ordre et par mont et par val
Nous faisions que revînt dans la race française
Le goût d'être nombreuse afin de vivre à l'aise
Ainsi que les enfants du mari de Thérèse

A EDMOND VALLÉE *

Merci mon cher Presto
Qui mourûtes bientôt
Vous leur aviez déjà glacé le sang les moelles
Lorsque vous racontiez l'histoire des étoiles

A HOWARD

Vous étiez tout le peuple et gardiez le silence

Peuple de Zanzibar ou plutôt de la France
Il faut laisser le goût et garder la raison
Il faut voyager loin en aimant sa maison
Il faut chérir l'audace et chercher l'aventure
Il faut toujours penser à la France future
N'espérez nul repos risquez tout votre avoir
Apprenez du nouveau car il faut tout savoir
Lorsque crie un prophète il faut que l'alliez voir
Et faites des enfants c'est le but de mon conte
L'enfant est la richesse et la seule qui compte

PERSONNAGES

Avec la distribution de la première représentation

LE DIRECTEUR	*Edmond Vallée*
THÉRÈSE-TIRÉSIAS ET LA CARTOMAN- CIENNE	*Louise Marion*
LE MARI	*Marcel Herrand*
	(Jean Thillois)
LE GENDARME	*Juliette Norville*
LE JOURNALISTE PARISIEN	*Yéta Daesslé*
LE FILS	—
LE KIOSQUE	—
LACOUF	—
PRESTO	*Edmond Vallée*
LE PEUPLE DE ZANZIBAR	*Howard*
UNE DAME	*Georgette Dubuet*
LES CHŒURS	*Niny Guyard,* *Maurice Lévy,* *Max Jacob,* *Paul Morisse, etc.*

A Zanzibar de nos jours.

A la première représentation les décors et les costumes étaient de M. Serge Férat, Mlle Niny Guyard était au piano, la partition d'orchestre n'ayant pu être exécutée à cause de la rareté des musiciens en temps de guerre.

PROLOGUE

Devant le rideau baissé, le Directeur de la Troupe, en habit,
une canne de tranchée à la main, sort du trou du souffleur.

SCÈNE UNIQUE

LE DIRECTEUR DE LA TROUPE

Me voici donc revenu parmi vous
J'ai retrouvé ma troupe ardente
J'ai trouvé aussi une scène
Mais j'ai retrouvé avec douleur
L'art théâtral sans grandeur sans vertu
Qui tuait les longs soirs d'avant la guerre
Art calomniateur et délétère
Qui montrait le péché non le rédempteur

Puis le temps est venu le temps des hommes
J'ai fait la guerre ainsi que tous les hommes

C'était au temps où j'étais dans l'artillerie
Je commandais au front du nord ma batterie
Un soir que dans le ciel le regard des étoiles
Palpitait comme le regard des nouveau-nés
Mille fusées issues de la tranchée adverse
Réveillèrent soudain les canons ennemis

Je m'en souviens comme si cela s'était passé hier

J'entendais les départs mais non les arrivées
Lorsque de l'observatoire d'artillerie
Le trompette vint à cheval nous annoncer
Que le maréchal des logis qui pointait
Là-bas sur les lueurs des canons ennemis
L'alidade de triangle de visée faisait savoir
Que la portée de ces canons était si grande
Que l'on n'entendait plus aucun éclatement
Et tous mes canonniers attentifs à leurs postes
Annoncèrent que les étoiles s'éteignaient une à une
Puis l'on entendit de grands cris parmi toute l'armée

ILS ÉTEIGNENT LES ÉTOILES A COUPS DE CANON

Les étoiles mouraient dans ce beau ciel d'automne
Comme la mémoire s'éteint dans le cerveau
De ces pauvres vieillards qui tentent de se souvenir
Nous étions là mourant de la mort des étoiles
Et sur le front ténébreux aux livides lueurs
Nous ne savions plus que dire avec désespoir

ILS ONT MÊME ASSASSINÉ LES CONSTELLATIONS

Mais une grande voix venue d'un mégaphone
Dont le pavillon sortait
De je ne sais quel unanime poste de commandement
La voix du capitaine inconnu qui nous sauve toujours
    cria

IL EST GRAND TEMPS DE RALLUMER LES ÉTOILES

Et ce ne fut qu'un cri sur le grand front français

AU COLLIMATEUR A VOLONTÉ

Les servants se hâtèrent
Les pointeurs pointèrent
Les tireurs tirèrent
Et les astres sublimes se rallumèrent l'un après l'autre
Nos obus enflammaient leur ardeur éternelle
L'artillerie ennemie se taisait éblouie
Par le scintillement de toutes les étoiles

Voilà voilà l'histoire de toutes les étoiles

Et depuis ce soir-là j'allume aussi l'un après l'autre
Tous les astres intérieurs que l'on avait éteints

Me voici donc revenu parmi vous

Ma troupe ne vous impatientez pas

Public attendez sans impatience

Je vous apporte une pièce dont le but est de réformer
  les mœurs
Il s'agit des enfants dans la famille
C'est un sujet domestique
Et c'est pourquoi il est traité sur un ton familier
Les acteurs ne prendront pas de ton sinistre
Ils feront appel tout simplement à votre bon sens
Et se préoccuperont avant tout de vous amuser
Afin que bien disposés vous mettiez à profit
Tous les enseignements contenus dans la pièce
Et que le sol partout s'étoile de regards de nouveau-nés
Plus nombreux encore que les scintillements d'étoiles

Écoutez ô Français la leçon de la guerre
Et faites des enfants vous qui n'en faisiez guère

On tente ici d'infuser un esprit nouveau au théâtre
Une joie une volupté une vertu
Pour remplacer ce pessimisme vieux de plus d'un siècle
Ce qui est bien ancien pour une chose si ennuyeuse
La pièce a été faite pour une scène ancienne
Car on ne nous aurait pas construit de théâtre nouveau
Un théâtre rond à deux scènes
Une au centre l'autre formant comme un anneau
Autour des spectateurs et qui permettra
Le grand déploiement de notre art moderne
Mariant souvent sans lien apparent comme dans la vie
Les sons les gestes les couleurs les cris les bruits
La musique la danse l'acrobatie la poésie la peinture
Les chœurs les actions et les décors multiples

Vous trouverez ici des actions
Qui s'ajoutent au drame principal et l'ornent
Les changements de ton du pathétique au burlesque
Et l'usage raisonnable des invraisemblances
Ainsi que des acteurs collectifs ou non
Qui ne sont pas forcément extraits de l'humanité
Mais de l'univers entier
Car le théâtre ne doit pas être un art en trompe-l'œil

Il est juste que le dramaturge se serve
De tous les mirages qu'il a à sa disposition
Comme faisait Morgane sur le Mont-Gibel
Il est juste qu'il fasse parler les foules les objets inanimés
S'il lui plaît
Et qu'il ne tienne pas plus compte du temps
Que de l'espace

Son univers est sa pièce
A l'intérieur de laquelle il est le dieu créateur
Qui dispose à son gré

Les sons les gestes les démarches les masses les couleurs
Non pas dans le seul but
De photographier ce que l'on appelle une tranche de vie
Mais pour faire surgir la vie même dans toute sa vérité
Car la pièce doit être un univers complet
Avec son créateur
C'est-à-dire la nature même
Et non pas seulement
La représentation d'un petit morceau
De ce qui nous entoure ou de ce qui s'est jadis passé

Pardonnez-moi mes amis ma troupe

Pardonnez-moi cher Public
De vous avoir parlé un peu longuement
Il y a si longtemps que je m'étais retrouvé parmi vous

Mais il y a encore là-bas un brasier
Où l'on abat des étoiles toutes fumantes
Et ceux qui les rallument vous demandent
De vous hausser jusqu'à ces flammes sublimes
Et de flamber aussi

Ô public
Soyez la torche inextinguible du feu nouveau

ACTE PREMIER

La place du marché de Zanzibar, le matin. Le décor représente des maisons, une échappée sur le port et aussi ce qui peut évoquer aux Français l'idée du jeu de zanzibar. Un mégaphone en forme de cornet à dés et orné de dés est sur le devant de la scène. Du côté cour, entrée d'une maison; du côté jardin, un kiosque de journaux avec une nombreuse marchandise étalée et sa marchande figurée dont le bras peut s'animer; il est encore orné d'une glace sur le côté qui donne sur la scène. Au fond, le personnage collectif et muet qui représente le peuple de Zanzibar est présent dès le lever du rideau. Il est assis sur un banc. Une table est à sa droite et il a sous la main les instruments qui lui serviront à mener tel bruit au moment opportun; revolver, musette, grosse caisse, accordéon, tambour, tonnerre, grelots, castagnettes, trompette d'enfant, vaisselle cassée. Tous les bruits indiqués comme devant être produits au moyen d'un instrument sont menés par le peuple de Zanzibar et tout ce qui est indiqué comme devant être dit au mégaphone doit être crié au public.

SCÈNE PREMIÈRE

LE PEUPLE DE ZANZIBAR, THÉRÈSE

THÉRÈSE

Visage bleu, longue robe bleue ornée de singes et de fruits peints. Elle entre dès que le rideau est levé, mais dès que le rideau commence à se lever, elle cherche à dominer le tumulte de l'orchestre.

Non Monsieur mon mari
Vous ne me ferez pas faire ce que vous voulez

Chuintement.

Je suis féministe et je ne reconnais pas l'autorité de
l'homme

Chuintement.

Du reste je veux agir à ma guise
Il y a assez longtemps que les hommes font ce qui leur
plaît
Après tout je veux aussi aller me battre contre les
ennemis

J'ai envie d'être soldat une deux une deux
Je veux faire la guerre — *Tonnerre* — et non pas faire
  des enfants
Non Monsieur mon mari vous ne me commanderez plus

> *Elle se courbe trois fois, derrière au public.*

Au mégaphone.

Ce n'est pas parce que vous m'avez fait la cour dans
  le Connecticut
Que je dois vous faire la cuisine à Zanzibar

VOIX DU MARI

> *Accent belge.*

Donnez-moi du lard je te dis donnez-moi du lard

> *Vaisselle cassée.*

THÉRÈSE

Vous l'entendez il ne pense qu'à l'amour

> *Elle a une crise de nerfs.*

Mais tu ne te doutes pas imbécile

> *Éternuement.*

Qu'après avoir été soldat je veux être artiste

> *Éternuement.*

Parfaitement parfaitement

> *Éternuement.*

Je veux être aussi député avocat sénateur

> *Deux éternuements.*

Ministre président de la chose publique

> *Éternuement.*

Et je veux médecin physique ou bien psychique
Diafoirer à mon gré l'Europe et l'Amérique

Faire des enfants faire la cuisine non c'est trop

> *Elle caquette.*

Je veux être mathématicienne philosophe chimiste
Groom dans les restaurants petit télégraphiste
Et je veux s'il me plaît entretenir à l'an
Cette vieille danseuse qui a tant de talent

> *Éternuement caquetage, après quoi elle imite le bruit du chemin de fer.*

VOIX DU MARI

> *Accent belge.*

Donnez-moi du lard je te dis donnez-moi du lard

THÉRÈSE

Vous l'entendez il ne pense qu'à l'amour

> *Petit air de musette.*

Mange-toi les pieds à la Sainte-Menehould

> *Grosse caisse.*

Mais il me semble que la barbe me pousse
Ma poitrine se détache

> *Elle pousse un grand cri et entr'ouvre sa blouse dont il en sort ses mamelles, l'une rouge, l'autre bleue et, comme elle les lâche, elles s'envolent, ballons d'enfant, mais restent retenues par les fils.*

Envolez-vous oiseaux de ma faiblesse
        Et caetera
Comme c'est joli les appas féminins
C'est mignon tout plein
On en mangerait

> *Elle tire le fil des ballons et les fait danser.*

Mais trêve de bêtises
Ne nous livrons pas à l'aéronautique

Il y a toujours quelque avantage à pratiquer la vertu
Le vice est après tout une chose dangereuse
C'est pourquoi il vaut mieux sacrifier une beauté
Qui peut être une occasion de péché
Débarrassons-nous de nos mamelles

> *Elle allume un briquet et les fait exploser, puis elle fait une belle grimace avec double pied de nez aux spectateurs et leur jette des balles qu'elle a dans son corsage.*

Qu'est-ce à dire
Non seulement ma barbe pousse mais ma moustache aussi

> *Elle caresse sa barbe et retrousse sa moustache qui ont brusquement poussé.*

Eh diable
J'ai l'air d'un champ de blé qui attend la moissonneuse
  mécanique
Au mégaphone.
Je me sens viril en diable
Je suis un étalon
De la tête aux talons
Me voilà taureau
Sans mégaphone.
Me ferai-je torero
Mais n'étalons
Pas mon avenir au grand jour héros
Cache tes armes
Et toi mari moins viril que moi
Fais tout le vacarme
Que tu voudras

> *Tout en caquetant, elle va se mirer dans la glace placée sur le kiosque à journaux.*

SCÈNE DEUXIÈME

LE PEUPLE DE ZANZIBAR, THÉRÈSE, LE MARI

LE MARI

Entre avec un gros bouquet de fleurs, voit qu'elle ne le regarde pas et jette les fleurs dans la salle. A partir d'ici le mari perd l'accent belge.

Je veux du lard je te dis

THÉRÈSE

Mange tes pieds à la Sainte-Menehould

LE MARI

Pendant qu'il parle Thérèse hausse le ton de ses caquetages. Il s'approche comme pour la gifler puis en riant :

Ah mais ce n'est pas Thérèse ma femme

Un temps puis sévèrement. Au mégaphone.

Quel malotru a mis ses vêtements

Il va l'examiner et revient. Au mégaphone.

Aucun doute c'est un assassin et il l'a tuée
Sans mégaphone.
Thérèse ma petite Thérèse où es-tu

Il réfléchit la tête dans les mains, puis campé, les poings sur les hanches :

Mais toi vil personnage qui t'es déguisé en Thérèse je te tuerai

Ils se battent, elle a raison de lui.

THÉRÈSE

Tu as raison je ne suis plus ta femme

LE MARI

Par exemple

THÉRÈSE

Et cependant c'est moi qui suis Thérèse

LE MARI

Par exemple

THÉRÈSE

Mais Thérèse qui n'est plus femme

LE MARI

C'est trop fort

THÉRÈSE

Et comme je suis devenu un beau gars

LE MARI

Détail que j'ignorais

THÉRÈSE

Je porterai désormais un nom d'homme
Tirésias

LE MARI, *les mains jointes.*

Adiousias

Elle sort.

SCÈNE TROISIÈME

LE PEUPLE DE ZANZIBAR, LE MARI

VOIX DE TIRÉSIAS

Je déménage

LE MARI

Adiousias

> *Elle jette successivement par la fenêtre un pot de chambre, un bassin et un urinal. Le mari ramasse le pot de chambre.*

Le piano
Il ramasse l'urinal.
Le violon
Il ramasse le bassin.

L'assiette au beurre la situation devient grave

SCÈNE QUATRIÈME

LES MÊMES, TIRÉSIAS, LACOUF, PRESTO

> *Tirésias revient avec des vêtements, une corde, des objets hétéroclites. Elle jette tout, se précipite sur le mari. Sur la dernière réplique du mari, Presto et Lacouf armés de brownings en carton sont sortis gravement de dessous la scène et s'avancent dans la salle, cependant que Tirésias, maîtrisant son mari, lui ôte son pantalon, se déshabille, lui passe sa jupe, le ligote, se pantalonne, se coupe les cheveux et met un chapeau haut de forme. Ce jeu de scène dure jusqu'au premier coup de revolver.*

PRESTO

Avec vous vieux Lacouf j'ai perdu au zanzi
Tout ce que j'ai voulu

LACOUF

Monsieur Presto je n'ai rien gagné
Et d'abord Zanzibar n'est pas en question vous êtes à
  Paris

PRESTO

A Zanzibar

LACOUF

A Paris

PRESTO

C'en est trop
Après dix ans d'amitié
Et tout le mal que je n'ai cessé de dire sur votre compte

LACOUF

Tant pis vous ai-je demandé de la réclame vous êtes
à Paris

PRESTO

A Zanzibar la preuve c'est que j'ai tout perdu

LACOUF

Monsieur Presto il faut nous battre

PRESTO

Il le faut

*Ils montent gravement sur la scène et se rangent
au fond l'un vis-à-vis de l'autre.*

LACOUF

A armes égales

PRESTO

A volonté
Tous les coups sont dans la nature

*Ils se visent. Le peuple de Zanzibar tire deux coups
de revolver et ils tombent.*

TIRÉSIAS

qui est prêt, tressaille au bruit et s'écrie :

Ah chère liberté te voilà enfin conquise
Mais d'abord achetons un journal
Pour savoir ce qui vient de se passer

> *Elle achète un journal et le lit ; pendant ce temps le peuple de Zanzibar place une pancarte de chaque côté de la scène.*

PANCARTE POUR PRESTO

COMME IL PERDAIT AU ZANZIBAR
MONSIEUR PRESTO A PERDU SON PARI
PUISQUE NOUS SOMMES A PARIS

PANCARTE POUR LACOUF

MONSIEUR LACOUF N'A RIEN GAGNÉ
PUISQUE LA SCÈNE SE PASSE A ZANZIBAR
AUTANT QUE LA SEINE PASSE A PARIS

> *Dès que le peuple de Zanzibar est revenu à son poste, Presto et Lacouf se redressent, le peuple de Zanzibar tire un coup de revolver et les duellistes retombent. Tirésias étonné jette le journal.*

Au mégaphone.
Maintenant à moi l'univers
A moi les femmes à moi l'administration
Je vais me faire conseiller municipal
Mais j'entends du bruit
Il vaut peut-être mieux s'en aller

> *Elle sort en caquetant tandis que le mari imite le bruit de la locomotive en marche.*

SCÈNE CINQUIÈME

LE PEUPLE DE ZANZIBAR, LE MARI,
LE GENDARME

LE GENDARME

*Tandis que le peuple de Zanzibar joue de l'accordéon
le gendarme à cheval caracole, tire un mort dans la
coulisse de façon à ce que ses pieds seuls restent visibles,
fait le tour de la scène, agit de même avec l'autre mort,
fait une seconde fois le tour de la scène et apercevant le
mari ficelé sur le devant de la scène :*

Ça sent le crime ici

LE MARI

Ah! puisque enfin voici un agent de l'autorité
Zanzibarienne
Je vais l'interpeller
Eh Monsieur si c'est une affaire que vous me cherchez
Ayez donc l'obligeance de prendre
Mon livret militaire dans ma poche gauche

LE GENDARME

Au mégaphone.
La belle fille

Sans mégaphone.
Dites ma belle enfant
Qui donc vous a traitée si méchamment

LE MARI, *à part.*

Il me prend pour une demoiselle

Au gendarme.

Si c'est un mariage que vous me cherchez

> *Le gendarme met la main sur son cœur.*

Commencez donc par me détacher

> *Le gendarme le délie en le chatouillant, ils rient et le gendarme répète toujours* Quelle belle fille.

SCÈNE SIXIÈME

LES MÊMES, PRESTO, LACOUF

> *Dès que le gendarme commence à détacher le mari, Presto et Lacouf reviennent à l'endroit où ils sont tombés précédemment.*

PRESTO

Je commence à en avoir assez d'être mort
Dire qu'il y a des gens
Qui trouvent qu'il est plus honorable d'être mort que vif

LACOUF

Vous voyez bien que vous n'étiez pas à Zanzibar

PRESTO

C'est pourtant là que l'on voudrait vivre
Mais ça me dégoûte de nous être battus en duel
Décidément on regarde la mort
D'un œil trop complaisant

LACOUF

Que voulez-vous on a trop bonne opinion
De l'humanité et de ses restes

Est-ce que les selles des bijoutiers
Contiennent des perles et des diamants

PRESTO

On a vu des choses plus extraordinaires

LACOUF

Bref Monsieur Presto
Les paris ne nous réussissent pas
Mais vous voyez bien que vous étiez à Paris

PRESTO

A Zanzibar

LACOUF

En joue

PRESTO

Feu

> *Le peuple de Zanzibar tire un coup de revolver
> et ils tombent. Le gendarme a fini de délier le mari.*

LE GENDARME

Je vous arrête

> *Presto et Lacouf se sauvent du côté opposé d'où
> ils sont revenus. Accordéon.*

SCÈNE SEPTIÈME

LE PEUPLE DE ZANZIBAR, LE GENDARME,
LE MARI *habillé en femme*

LE GENDARME

Les duellistes du paysage
Ne m'empêcheront pas de dire que je vous trouve

Agréable au toucher comme une balle en caoutchouc

LE MARI

Atchou

Vaisselle cassée.

LE GENDARME

Un rhume c'est exquis

LE MARI

Atchi

Tambour. Le mari relève sa jupe qui le gêne.

LE GENDARME

Femme légère

Il cligne de l'œil.

Qu'importe puisque c'est une belle fille

LE MARI, *à part.*

Ma foi il a raison
Puisque ma femme est homme
Il est juste que je sois femme accepts role reversal

Au gendarme pudiquement.

Je suis une honnête femme-monsieur
Ma femme est un homme-madame
Elle a emporté le piano le violon l'assiette au beurre
Elle est soldat ministre merdecin

LE GENDARME

Mère des seins

LE MARI

Ils ont fait explosion mais elle est plutôt merdecine

LE GENDARME

Elle est mère des cygnes
Ah! combien chantent qui vont périr
Écoutez

Musette, air triste.

LE MARI

Il s'agit après tout de l'art de guérir les hommes
La musique s'en chargera
Aussi bien que toute autre panacée

LE GENDARME

Ça va bien pas de rouspétance

LE MARI

Je me refuse à continuer la conversation
Au mégaphone.
Où est ma femme

VOIX DE FEMMES, *dans les coulisses.*

Vive Tirésias
Plus d'enfants plus d'enfants

Tonnerre et grosse caisse.
    *Le mari fait une grimace aux spectateurs et met
à son oreille une main en cornet acoustique, tandis
que le gendarme, tirant une pipe de sa poche, la lui
offre. Grelots.*

LE GENDARME

Eh! fumez la pipe bergère
Moi je vous jouerai du pipeau

LE MARI

Et cependant la Boulangère
Tous les sept ans changeait de peau

LE GENDARME

Tous les sept ans elle exagère

> *Le peuple de Zanzibar accroche une pancarte*
> *contenant cette ritournelle qui reste là.*

EH! FUMEZ LA PIPE BERGÈRE
MOI JE VOUS JOUERAI DU PIPEAU
ET CEPENDANT LA BOULANGÈRE
TOUS LES 7 ANS CHANGEAIT DE PEAU
TOUS LES 7 ANS ELLE EXAGÈRE

LE GENDARME

Mademoiselle ou Madame je suis amoureux fou
De vous
Et je veux devenir votre époux

LE MARI

Atchou
Mais ne voyez-vous pas que je ne suis qu'un homme

LE GENDARME

Nonobstant quoi je pourrais vous épouser
Par procuration

LE MARI

Sottises
Vous feriez mieux de faire des enfants

LE GENDARME

Ah! par exemple

VOIX D'HOMMES, *dans les coulisses.*

Vive Tirésias
Vive le général Tirésias
Vive le député Tirésias

> *L'accordéon joue une marche militaire.*

VOIX DE FEMMES, *dans les coulisses.*

Plus d'enfants Plus d'enfants

SCÈNE HUITIÈME

LES MÊMES, LE KIOSQUE

Le kiosque où s'anime le bras de la marchande se déplace lentement vers l'autre bout de la scène.

LE MARI

Fameux représentant de toute autorité
Vous l'entendez c'est dit je crois avec clarté
La femme à Zanzibar veut des droits politiques
Et renonce soudain aux amours prolifiques
Vous l'entendez crier Plus d'enfants Plus d'enfants
Pour peupler Zanzibar il suffit d'éléphants
De singes de serpents de moustiques d'autruches
Et stériles comme est l'habitante des ruches
Qui du moins fait la cire et butine le miel
La femme n'est qu'un neutre à la face du ciel
Et moi je vous le dis cher Monsieur le gendarme

Au mégaphone.

Zanzibar a besoin d'enfants *sans mégaphone* donnez
   l'alarme
Criez au carrefour et sur le boulevard
Qu'il faut refaire des enfants à Zanzibar
La femme n'en fait plus Tant pis Que l'homme en fasse
Mais oui parfaitement je vous regarde en face
Et j'en ferai moi

LE GENDARME ET LE KIOSQUE

Vous

LE KIOSQUE, *au mégaphone que lui tend le mari.*

Elle sort un bobard
Bien digne qu'on l'entende ailleurs qu'à Zanzibar
Vous qui pleurez voyant la pièce
Souhaitez les enfants vainqueurs
Voyez l'impondérable ardeur
Naître du changement de sexe

LE MARI

Revenez dès ce soir voir comment la nature
Me donnera sans femme une progéniture

LE GENDARME

Je reviendrai ce soir voir comment la nature
Vous donnera sans femme une progéniture
Ne faites pas qu'en vain je croque le marmot
Je reviens dès ce soir et je vous prends au mot

LE KIOSQUE

Comme est ignare le gendarme
Qui gouverne le Zanzibar
Le music-hall et le grand bar
N'ont-ils pas pour lui plus de charmes
Que repeupler le Zanzibar

SCÈNE NEUVIÈME

LES MÊMES, PRESTO

PRESTO, *chatouillant le mari.*

Comment faut-il que tu les nommes
Elles sont tout ce que nous sommes
Et cependant ne sont pas hommes

LE GENDARME

Je reviendrai ce soir voir comment la nature
Vous donnera sans femme une progéniture

[handwritten: Nature will heal rift between sexes]

LE MARI

Revenez donc ce soir voir comment la nature
Me donnera sans femme une progéniture

TOUS, *en chœur.*

> *Ils dansent, le mari et le gendarme accouplés, Presto
> et le kiosque accouplés et changeant parfois de compa-
> gnons. Le peuple de Zanzibar danse seul en jouant
> de l'accordéon.*

Eh! fumez la pipe Bergère
Moi je vous jouerai du pipeau
Et cependant la Boulangère
Tous les sept ans changeait de peau
Tous les sept ans elle exagère

Rideau

ENTRACTE

I. — Vous qui pleurez voyant la pièce
Souhaitez les enfants vainqueurs
Voyez l'impondérable ardeur
Naître du changement de sexe

II. — Comme est ignare le gendarme
Qui gouverne le Zanzibar
Le music-hall et le grand bar
N'ont-ils pas pour lui plus de charmes
Que repeupler le Zanzibar

III. — Comment faut-il que tu les nommes
Elles sont tout ce que nous sommes
Et cependant ne sont pas hommes

ACTE II

Au même endroit, le même jour, au moment du coucher du soleil. Le même décor orné de nombreux berceaux où sont les nouveau-nés. Un berceau est vide auprès d'une bouteille d'encre énorme, d'un pot à colle gigantesque, d'un porte-plume démesuré et d'une paire de ciseaux de bonne taille.

SCÈNE PREMIÈRE

LE PEUPLE DE ZANZIBAR, LE MARI

LE MARI

Il tient un enfant dans chaque bras. Cris continus d'enfants sur la scène, dans les coulisses et dans la salle pendant toute la scène ad libitum. *On indique seulement quand, et où ils redoublent.*

Ah! c'est fou les joies de la paternité
40 049 enfants en un seul jour
Mon bonheur est complet
Silence silence

> *Cris d'enfants au fond de la scène.*

Le bonheur en famille
Pas de femme sur les bras

> *Il laisse tomber les enfants.*

Silence

> *Cris d'enfants sur le côté gauche de la salle.*

C'est épatant la musique moderne
Presque aussi épatant que les décors des nouveaux
    peintres
Qui florissent loin des Barbares

A Zanzibar

Pas besoin d'aller aux ballets russes ni au Vieux-Colombier

Silence silence

> *Cris d'enfants sur le côté droit de la salle.*
> *Grelots.*

Il faudrait peut-être les mener à la baguette

Mais il vaut mieux ne pas brusquer les choses

Je vais leur acheter des bicyclettes

Et tous ces virtuoses

Iront faire

Des concerts

En plein air

> *Peu à peu, les enfants se taisent, il applaudit.*

Bravo bravo bravo

> *On frappe.*

Entrez

SCÈNE DEUXIÈME

LES MÊMES, LE JOURNALISTE PARISIEN

LE JOURNALISTE

> *Sa figure est nue, il n'a que la bouche. Il entre en*
> *dansant.*

> *Accordéon.*

Hands up

Bonjour Monsieur le mari

Je suis correspondant d'un journal de Paris

LE MARI

De Paris

Soyez le bienvenu

LE JOURNALISTE, *fait le tour de la scène en dansant.*

Les journaux de Paris *au mégaphone* ville de l'Amérique
Sans mégaphone.
Hourra

> *Un coup de revolver, le journaliste déploie le drapeau
> américain.*

Ont annoncé que vous avez trouvé
Le moyen pour les hommes
De faire des enfants

> *Le journaliste replie le drapeau et s'en fait une
> ceinture.*

LE MARI

Cela est vrai

LE JOURNALISTE

Et comment ça

LE MARI

La volonté Monsieur elle nous mène à tout

LE JOURNALISTE

Sont-ils nègres ou comme tout le monde

LE MARI

Tout cela dépend du point de vue où l'on se place
Castagnettes.

LE JOURNALISTE

Vous êtes riche sans doute

Il fait un tour de danse.

LE MARI

Point du tout

LE JOURNALISTE

Comment les élèverez-vous ?

LE MARI

Après les avoir nourris au biberon
J'espère que ce sont eux qui me nourriront

LE JOURNALISTE

En somme vous êtes quelque chose comme une fille-
père
Ne serait-ce pas chez vous instinct paternel maternisé

LE MARI

Non c'est cher Monsieur tout à fait intéressé
L'enfant est la richesse des ménages
Bien plus que la monnaie et tous les héritages

Le journaliste note.

Voyez ce tout petit qui dort dans son berceau

*L'enfant crie. Le journaliste va le voir sur la
pointe des pieds.*

Il se prénomme Arthur et m'a déjà gagné
Un million comme accapareur de lait caillé

Trompette d'enfant.

LE JOURNALISTE

Avancé pour son âge

topsy turvy world — men-woman
vice versal
children — adults

LE MARI

Celui-là Joseph *l'enfant crie* est romancier

Le journaliste va voir Joseph.

Son dernier roman s'est vendu à 600 000 exemplaires
Permettez que je vous en offre un

*Descend un grand livre-pancarte à plusieurs feuillets
sur lesquels on lit au premier feuillet :*

QUELLE CHANCE!

ROMAN

LE MARI

Lisez-le à votre aise

*Le journaliste se couche, le mari tourne les autres
feuillets sur lesquels on lit à raison d'un mot par
feuillet :*

UNE DAME QUI S'APPELAIT CAMBRON

LE JOURNALISTE *se relève et au mégaphone.*

Une dame qui s'appelait Cambron

Il rit au mégaphone sur les quatre voyelles : a, é, i, o.

LE MARI

Il y a cependant là une manière polie de s'exprimer

LE JOURNALISTE, *sans mégaphone.*

Ah! ah! ah! ah!

LE MARI

Une certaine précocité

LE JOURNALISTE

Eh! eh!

LE MARI

Qui ne court point les rues

LE JOURNALISTE

Hands up

LE MARI

Enfin tel qu'il est
Le roman m'a rapporté
Près de 200 000 francs
Plus un prix littéraire
Composé de 20 caisses de dynamite

LE JOURNALISTE, *se retire à reculons.*

Au revoir

LE MARI

N'ayez pas peur elles sont dans mon coffre-fort à la banque

LE JOURNALISTE

All right
Vous n'avez pas de fille

LE MARI

Si fait celle-ci divorcée

Elle crie. Le journaliste va la voir.

Du roi des pommes de terre
En reçoit une rente de 100 000 dollars
Et celle-ci *(elle crie)* plus artiste que quiconque à Zanzibar

Le journaliste s'exerce à boxer.

Récite de beaux vers par les mornes soirées
Ses feux et ses cachets lui rapportent chaque an
Ce qu'un poète gagne en cinquante mille ans

LE JOURNALISTE

Je vous félicite my dear
Mais vous avez de la poussière
Sur votre cache-poussière

> *Le mari sourit comme pour remercier le journa-
> liste qui tient le grain de poussière à la main.*

Puisque vous êtes si riche prêtez-moi cent sous.

LE MARI

Remettez la poussière

> *Tous les enfants crient. Le mari chasse le jour-
> naliste à coups de pied. Celui-ci sort en dansant.*

SCÈNE TROISIÈME

LE PEUPLE DE ZANZIBAR, LE MARI

LE MARI

Eh oui c'est simple comme un périscope
Plus j'aurai d'enfants
Plus je serai riche et mieux je pourrai me nourrir
Nous disons que la morue produit assez d'œufs en un
    jour
Pour qu'éclos ils suffisent à nourrir de brandade et
    d'aïoli
Le monde entier pendant une année entière
N'est-ce pas que c'est épatant d'avoir une nombreuse
    famille

Quels sont donc ces économistes imbéciles
Qui nous ont fait croire que l'enfant
C'était la pauvreté
Tandis que c'est tout le contraire
Est-ce qu'on a jamais entendu parler de morue morte
    dans la misère
Aussi vais-je continuer à faire des enfants
Faisons d'abord un journaliste
Comme ça je saurai tout
Je devinerai le surplus
Et j'inventerai le reste

> *Il se met à déchirer avec la bouche et les mains*
> *des journaux, il trépigne. Son jeu doit être très rapide.*

Il faut qu'il soit apte à toutes les besognes
Et puisse écrire pour tous les partis

> *Il met les journaux déchirés dans le berceau vide.*

Quel beau journaliste ce sera
Reportage articles de fond
Et cœtera
Il lui faut un sang puisé dans l'encrier

> *Il prend la bouteille d'encre et la verse dans le*
> *berceau.*

Il lui faut une épine dorsale

> *Il met un énorme porte-plume dans le berceau.*

De la cervelle pour ne pas penser

> *Il verse le pot à colle dans le berceau.*

Une langue pour mieux baver

> *Il met les ciseaux dans le berceau.*

Il faut encore qu'il connaisse le chant
Allons chantez

> *Tonnerre.*

SCÈNE QUATRIÈME

LES MÊMES, LE FILS

Le mari répète : « une, deux! » jusqu'à la fin du monologue du fils. Cette scène se passe très rapidement.

LE FILS, *se dressant dans le berceau.*

Mon cher papa si vous voulez savoir enfin
Tout ce qu'ont fait les aigrefins
Faut me donner un petit peu d'argent de poche
L'arbre d'imprimerie étend feuilles et feuilles
Qui vous claquent au vent comme des étendards
Les journaux ont poussé faut bien que tu les cueilles
Fais-en de la salade à nourrir tes moutards
Si vous me donnez cinq cents francs
Je ne dis rien de vos affaires
Sinon je dis tout je suis franc
Et je compromets père sœurs et frères
J'écrirai que vous avez épousé
Une femme triplement enceinte
Je vous compromettrai je dirai
Que vous avez volé tué donné sonné barbé

LE MARI

Bravo voilà un maître chanteur

Le fils sort du berceau.

LE FILS

Mes chers parents en un seul homme
Si vous voulez savoir ce qui s'est passé hier soir
Voici
Un grand incendie a détruit les chutes du Niagara absurd

LE MARI

Tant pis

LE FILS

Le beau constructeur Alcindor
Masqué comme les fantassins
Jusqu'à minuit joua du cor
Pour un parterre d'assassins
Et je suis sûr qu'il sonne encore

LE MARI

Pourvu que ce ne soit pas dans cette salle

LE FILS

Mais la Princesse de Bergame
Épouse demain une dame
Simple rencontre de métro

Castagnettes.

LE MARI

Que m'importe est-ce que je connais ces gens-là
Je veux de bonnes informations qui me parlent de mes
    amis

LE FILS, *il fait remuer un berceau.*

On apprend de Montrouge
Que Monsieur Picasso
Fait un tableau qui bouge
Ainsi que ce berceau

LE MARI

Et vive le pinceau
De l'ami Picasso
Ô mon fils

A une autre fois je connais maintenant
Suffisamment
La journée d'hier

LE FILS

Je m'en vais afin d'imaginer celle de demain

LE MARI

Bon voyage

Exit le fils.

SCÈNE CINQUIÈME

LE PEUPLE DE ZANZIBAR, LE MARI

LE MARI

Celui-ci n'est pas réussi
J'ai envie de le déshériter

A ce moment arrivent des radios-pancartes.

OTTAWA

INCENDIE ÉTABLISSEMENTS J.C.B. STOP 20 000 POÈMES
EN PROSE CONSUMÉS STOP PRÉSIDENT ENVOIE CONDO-
LÉANCES art important as human life

ROME

H.NR.M.T.SS. DIRECTEUR VILLA MÉDICIS ACHÈVE
PORTRAIT SS

AVIGNON

GRAND ARTISTE G..RG.S BRAQUE VIENT INVENTER
PROCÉDÉ CULTURE INTENSIVE DES PINCEAUX

VANCOUVER RETARDÉ DANS LA TRANSMISSION
CHIENS MONSIEUR LÉAUT..D EN GRÈVE

LE MARI

Assez assez
Quelle fichue idée j'ai eue de me fier à la Presse
Je vais être dérangé
Toute la sainte journée
Il faut que ça cesse
Au mégaphone.
Allô allô Mademoiselle
Je ne suis plus abonné au téléphone
Je me désabonne
Sans mégaphone.
Je change de programme pas de bouches inutiles
Économisons économisons
Avant tout je vais faire un enfant tailleur
Je pourrai bien vêtu aller en promenade
Et n'étant pas trop mal de ma personne
Plaire à mainte jolie personne

SCÈNE SIXIÈME

LES MÊMES, LE GENDARME

LE GENDARME

Il paraît que vous en faites de belles
Vous avez tenu parole
40 050 enfants en un jour
Vous secouez le pot-de-fleurs

LE MARI

Je m'enrichis

LE GENDARME

Mais la population Zanzibarienne
Affamée par ce surcroît de bouches à nourrir
Est en passe de mourir de faim

LE MARI

Donnez-lui des cartes ça remplace tout

LE GENDARME

Où se les procure-t-on?

LE MARI

Chez la Cartomancienne

LE GENDARME

Extra-lucide

LE MARI

Parbleu puisqu'il s'agit de prévoyance

SCÈNE SEPTIÈME

LES MÊMES, LA CARTOMANCIENNE

LA CARTOMANCIENNE

Elle arrive du fond de la salle. Son crâne est éclairé électriquement.

Chastes citoyens de Zanzibar me voici

LE MARI

Encore quelqu'un
Je n'y suis pour personne

LA CARTOMANCIENNE

J'ai pensé que vous ne seriez pas fâchés
De savoir la bonne aventure

LE GENDARME

Vous n'ignorez pas Madame
Que vous exercez un métier illicite
C'est étonnant ce que font les gens
Pour ne point travailler

LE MARI, *au gendarme.*

Pas de scandale chez moi

LA CARTOMANCIENNE, *à un spectateur.*

Vous Monsieur prochainement
Vous accoucherez de trois jumeaux

LE MARI

Déjà la concurrence

UNE DAME *(spectatrice dans la salle).*

Madame la Cartomancienne
Je crois bien qu'il me trompe

Vaisselle cassée.

LA CARTOMANCIENNE

Conservez-le dans la marmite norvégienne

Elle monte sur la scène, cris d'enfants, accordéon.

Tiens une couveuse artificielle

LE MARI

Seriez-vous le coiffeur coupez-moi les cheveux

LA CARTOMANCIENNE

Les demoiselles de New York
Ne cueillent que les mirabelles
Ne mangent que du jambon d'York
C'est là ce qui les rend si belles

LE MARI

Ma foi les dames de Paris
Sont bien plus belles que les autres
Si les chats aiment les souris
Mesdames nous aimons les vôtres

LA CARTOMANCIENNE

C'est-à-dire vos sourires

TOUS, *en chœur.*

Et puis chantez matin et soir
Grattez-vous si ça vous démange
Aimez le blanc ou bien le noir
C'est bien plus drôle quand ça change
Suffit de s'en apercevoir
Suffit de s'en apercevoir

LA CARTOMANCIENNE

Chastes citoyens de Zanzibar
Qui ne faites plus d'enfants
Sachez que la fortune et la gloire
Les forêts d'ananas les troupeaux d'éléphants
Appartiennent de droit
Dans un proche avenir
A ceux qui pour les prendre auront fait des enfants

> *Tous les enfants se mettent à crier sur la scène
> et dans la salle. La cartomancienne fait les cartes
> qui tombent du plafond. Puis les enfants se taisent.*

Vous qui êtes si fécond

LE MARI ET LE GENDARME

Fécond fécond

LA CARTOMANCIENNE, *au mari.*

Vous deviendrez 10 fois milliardaire

> *Le mari tombe assis par terre.*

LA CARTOMANCIENNE, *au gendarme.*

Vous qui ne faites pas d'enfants
Vous mourrez dans la plus affreuse des débines

LE GENDARME

Vous m'insultez
Au nom de Zanzibar je vous arrête

LA CARTOMANCIENNE

Toucher une femme quelle honte

> *Elle le griffe et l'étrangle. Le mari lui tend une pipe.*

LE MARI

Eh! fumez la pipe Bergère
Moi je vous jouerai du pipeau
Et cependant la Boulangère
Tous les sept ans changeait de peau

LA CARTOMANCIENNE

Tous les sept ans elle exagère

LE MARI

En attendant je vais vous livrer au commissaire
Assassine

THÉRÈSE, *se débarrassant de ses oripeaux de cartomancienne.*

Mon cher mari ne me reconnais-tu pas

LE MARI

Thérèse ou bien Tirésias

> *Le gendarme ressuscite.*

THÉRÈSE

Tirésias se trouve officiellement
A la tête de l'Armée à la Chambre A l'Hôtel de Ville
Mais sois tranquille
Je ramène dans une voiture de déménagement
Le piano le violon l'assiette au beurre
Ainsi que trois dames influentes dont je suis devenu
    l'amant

LE GENDARME

Merci d'avoir pensé à moi

LE MARI

Mon général mon député
Je me trompe Thérèse
Te voilà plate comme une punaise

THÉRÈSE

Qu'importe viens cueillir la fraise
Avec la fleur de bananier
Chassons à la Zanzibaraise
Les éléphants et viens régner
Sur le grand cœur de ta Thérèse

LE MARI

Thérèse

THÉRÈSE

Qu'importe le trône ou la tombe
Il faut s'aimer ou je succombe
Avant que ce rideau ne tombe

LE MARI

Chère Thérèse il ne faut plus
Que tu sois plate comme une punaise

*Il prend dans la maison un bouquet de ballons e
un panier de balles.*

En voici tout un stock

THÉRÈSE

Nous nous en sommes passés l'un et l'autre
Continuons

LE MARI

C'est vrai ne compliquons pas les choses
Allons plutôt tremper la soupe

THÉRÈSE

*Elle lâche les ballons et lance les balles aux spec-
tateurs.*

Envolez-vous oiseaux de ma faiblesse
Allez nourrir tous les enfants
De la repopulation

TOUS, *en chœur.*

Le peuple de Zanzibar danse en secouant des grelots.

Et puis chantez matin et soir
Grattez-vous si ça vous démange
Aimez le blanc ou bien le noir
C'est bien plus drôle quand ça change
Suffit de s'en apercevoir

Rideau

Couleur du temps

DRAME EN TROIS ACTES ET EN VERS

ACTE PREMIER

SCÈNE I

*Une place publique dans la capitale d'un pays
qui jouit de la paix.*

NYCTOR, ANSALDIN, VAN DIEMEN

ANSALDIN

*Il entre suivi par ses compagnons qu'il veut entraîner
tandis que Nyctor fait mine de ne pas vouloir le suivre.*

Par ici par ici venez donc
Notre avion est prêt à voler

VAN DIEMEN

Belles nuits de la ville natale
C'est à présent seulement
Que je sens toute votre douceur

ANSALDIN

Vous verrez ce sera merveilleux
Notre voyage s'annonce bien

VAN DIEMEN

C'est ici que j'ai vécu aimé
Et que je me suis enrichi

ANSALDIN

Je crois qu'il est bien temps de partir
Car sous peu le règne de la mort
S'étendra jusqu'ici

NYCTOR

Laissez-moi
Partez si vous voulez partez donc
          Mais moi je reste
          Oui La mort règne
          Mais cependant
          Notre patrie
          N'appartient pas
          A ces royaumes
On y jouit en paix de la vie
Et l'on y meurt encore en paix

ANSALDIN

Vite
Venez nous discuterons après

NYCTOR

N'est-il pas plus dangereux encore
D'aller cueillir la rose d'azur
Dans les grands jardins aériens

ANSALDIN

Venez vite il est temps de partir
La mort vient qui ne trouve pas juste
Que quelqu'un vous vous ou bien moi
Échappe à sa domination
Il est temps encore de partir
Bientôt l'on verra bondir la mort
Oui elle bondira jusqu'ici
Comme un tigre affamé au milieu
D'un troupeau éperdu de captives

Venez vite Au sud à l'est au nord
Coule le sang des antagonistes
Et leurs grandes ombres atroces
Obscurciront bientôt l'horizon
A l'ouest c'est la mer incertaine
Que sillonnent de nouveaux poissons
Au-dessus de nos têtes enfin
Des oiseaux de métal et de bois
Planent menaçants il faut partir

Il essaye de les entraîner.

NYCTOR

Partez si vous voulez je reste
Car il ne faut jamais déserter

VAN DIEMEN

Déserter le mot est un peu fort
N'avons-nous pas le droit de partir
Notre pays jouit de la paix
D'ailleurs le ministre m'a donné
Passeports autorisations
Enfin tout ce qui est nécessaire

NYCTOR

Mais on peut avoir besoin de nous
Et un pressentiment me dit
Qu'en partant nous allons à la mort

ANSALDIN

A la vie

VAN DIEMEN

Et qu'en savons-nous donc

ANSALDIN

A la vie je le jure Venez

NYCTOR

Vous ne songez qu'à mon existence
Merci mais moi j'aime le danger
Je suis un poète et les poètes
Sont l'âme de la patrie

ANSALDIN

Venez

NYCTOR

Platon les met hors de la République
Ils sont au-dessus de lois et morale
Mais un tel privilège comporte
De très grandes obligations
Et notamment celle d'exprimer
Tout ce que les autres citoyens
Peuvent ressentir de sublime
C'est pourquoi il faut bien que je reste

VAN DIEMEN

Vos scrupules je les comprends tous
Mais j'ai réfléchi à notre cas
En partant nous sauvons avec nous
L'âme même de notre patrie
Comme fit Énée en quittant Troie
Et Rome naquit de ce départ
Une Rome nouvelle monte en nous
Pour moi j'eusse évité ce voyage
Je suis vieux c'est pour vous que je pars
Pour sauver un savant un poète
Et plutôt qu'eux je sauve leur œuvre
Partez partez pour sauver votre œuvre
Elle est votre patrie sauvez-la
Elle appartient à l'humanité
Partez vous en êtes responsables

NYCTOR

Je me rends enfin vous l'emportez
Hélas

Il pleure.

ANSALDIN

Il est grand temps de partir

NYCTOR

Et voici le moment du départ
Je le considère avec angoisse
Trois hommes pour un monde nouveau
L'un riche ce qui nous a permis
De tout préparer pour ce voyage
Adieu donc monde où rien n'est gratuit
Il est tout le passé ce richard
Le passé c'est-à-dire la mort
L'autre un savant dont les connaissances
Nous feront vivre il est le présent
C'est-à-dire la vie et la lutte
Quelque chose enfin de bien bourgeois
Et le corps oui la réalité
L'autre enfin voyageant les mains vides
Pleurera à jamais pleurera
Comme si tout était trépassé
Comme si le présent était mort
Car il est l'avenir ce poète
C'est-à-dire la crainte joyeuse
Moins que la mort et plus que la vie
L'avenir enfin ou le désir
La beauté même ou la vérité

ANSALDIN

Venez

VAN DIEMEN

N'avez-vous rien oublié

ANSALDIN

Tout est prêt

NYCTOR

Adieu mon doux pays

ANSALDIN

Mon nouveau moteur fera merveilles
Nous avons de quoi faire deux fois
Le tour du monde aérien

VAN DIEMEN

Bien

NYCTOR

Et la nuit s'ouvre magiquement
Comme un porche béant entrons vite
Dans le palais inconnu

ANSALDIN

Venez

VAN DIEMEN

Vous êtes sûr de votre appareil

ANSALDIN

N'en doutez pas mais il faut partir

VAN DIEMEN

Et vous saurez vous orienter

ANSALDIN

Oui venez montez dans l'appareil
L'atmosphère est je crois favorable

SCÈNE II
Entre ciel et terre.

LES MÊMES

NYCTOR

Le désir infini qui nous enlève au ciel
M'ordonne de chanter Et puis quelle douceur
J'oublie ce qui n'est pas la suave douceur
De ce voyage aérien et il me semble
Que si je chantais à présent l'hymne du ciel
Je prendrais à mon chant un si noble plaisir
Que je m'arrêterais pour l'entendre vibrer
Dans l'espace Harmonie Éblouissement d'or
Des musiques du ciel Résonances de feu
D'une ardente lumière arrivant à grands flots
Les ondes de mon chant assaillent le silence
Le silence infini et l'immobilité
      Mais quelle douceur
      La terre se creuse
      L'horizon s'élève

ANSALDIN

    Il s'élève à mesure
    Que nous nous élevons

NYCTOR

    Et des nuages dorés
    Folâtrent autour de nous
Ainsi que des dauphins autour d'une carène

VAN DIEMEN

Nyctor ne vous penchez pas

NYCTOR

Que sont ces traces ces longues traces
Qui partout rayent le sol
Est-ce une région volcanique

VAN DIEMEN

Nyctor Nyctor regardez au ciel

NYCTOR

Laissez-moi le spectacle est poignant
Et descendons à une altitude
Qui me permette de regarder

VAN DIEMEN

Nous redoublons plutôt de vitesse
Montons plus haut fuyons ces oiseaux
Qui paraissent vouloir nous poursuivre

NYCTOR

Ils poursuivent l'avion là-bas

ANSALDIN

Prenez garde car d'étranges fleurs
Éclosent brusquement près de nous

NYCTOR

Avant de quitter ces régions
Je veux voir ces sites désolés
Et je veux connaître sur le sol
Le danger enivrant descendons

ANSALDIN

Ce serait une grande imprudence

NYCTOR

Lâches vous avez peur de la mort

ANSALDIN

Je ne crains pas la mort cependant
Je ne veux pas être à sa merci

VAN DIEMEN

Aucun de nous n'a peur
Eh bien soit descendons

NYCTOR

La terrible magie
De cette ardente lutte
Me retiendra en bas
Quelques instants à peine
Puis je romprai le charme
Et nous repartirons

VAN DIEMEN

C'est bien

ANSALDIN

Nous descendons

SCÈNE III

Champ de bataille avec des croix.

MADAME GIRAUME *puis* MAVISE

MADAME GIRAUME

C'est ici qu'a eu lieu la bataille
Il est tombé frappé à la tête

Elle trouve la croix sous laquelle repose son fils.

Mon fils te voilà sous cette croix
Te voici mon joyau précieux
Te voici mon fruit blanc et vermeil
C'est mon fils c'est mon enfant c'est lui
Fils tu n'es plus rien que cette croix
C'est mon fils c'est mon enfant c'est toi
Ô très belle fontaine vermeille
Te voilà tarie à tout jamais
Ô toi dont la source était en moi
C'est mon fils c'est mon enfant c'est toi
Tu dors dans ta pourpre impériale
Teinte du sang que je t'ai donné
Ô fils beau lys issu de ma chair
Floraison exquise de mon cœur
Mon fils mon fils te voilà donc mort
A ton front une bouche nouvelle
Rit de tout ce que ce soir j'endure
Parle sous terre bouche nouvelle
Que dis-tu bouche toujours ouverte
Tu es muette bouche trop rouge

MAVISE

Sa mère est près de son tombeau
Ô Fiancé si beau si fort
Toi qui mourus vêtu de bleu
Un morceau de ciel enterré
Il était adroit et habile
Il était fort j'étais savante
Lui le travail moi la pensée
La Vie et l'Ordre en un seul couple
Lui le travail moi la pensée
Il était fort j'étais savante

MADAME GIRAUME

Et comme ton corps doit être lourd
Déjà je plie sous ton souvenir
Ô mon fils je t'ai porté jadis
Lorsque tu ne pesais presque rien
Et je n'ai plus de lait pour nourrir
Ta mort comme j'ai nourri ta vie

MAVISE

Mais ma science ne peut pas
Faire ressusciter sa force
Je veux me coucher près de lui
Près de lui dans ma robe noire
Il était bleu comme le jour
Je suis plus triste que la nuit

MADAME GIRAUME

Parle mon fils réponds à ta mère
C'est la voix qui t'apprit à parler

MAVISE

Orgueil orgueil abaisse-toi
Orgueil qui ne sais plus souffrir
Depuis que tout le monde souffre
Mais que m'importent tous les autres
Il est là mort et bleu tel le ciel
Où rougeoient les nuées du soir

MADAME GIRAUME

J'ai fait des démarches incroyables
Pour atteindre ce lieu prohibé
Et te voilà mort mon cher enfant
Qu'ont-ils fait de toi ils t'ont tué
Et ils s'y sont mis tous pour te tuer

Et puisqu'ils en voulaient à mon sang
Pourquoi donc pour en tarir la source
N'ont-ils pas pris ma vie ô mon fils
Pourquoi ta vie et non pas la mienne

MAVISE

Mon amour pour toi contient tout
Les grandes raisons de ta mort
Et cet avenir qui naît d'elle
Mais réponds réponds que tu m'aimes
Ô mon fiancé je suis vierge
Mais tout ton sang repose en moi
Tu m'as fécondée en mourant
Je sens en moi tout l'avenir

MADAME GIRAUME

Que vais-je devenir douloureuse
Désolée meurtrie et tout en larmes
Écoutez mon fils mon fils est mort
Mon fils une grappe de raisin
Dont on a exprimé tout le vin
Et ce vin précieux ils l'ont bu
Ils sont ivres voyez écoutez
Ils en sont tous ivres de ce vin
De ce vin mon sang mon sang vermeil

MAVISE

Nous sommes enfin mariés
Et l'avenir est notre fils
Voici les bataillons issus
De ton trépas de ton espoir
Savais-tu combien je t'aimais
Je baise le sol de ta tombe
Comme si je baisais tes lèvres
Ô merveille la terre m'a rendu le baiser

MADAME GIRAUME, MAVISE,
VOIX DES MORTS ET DES VIVANTS

ensemble.

MADAME GIRAUME

Ô mon fils ô mon fils plus blanc qu'un lys
Mon fils mon fils hiver de mon âme
Ô mon fils hostie de la patrie
Ô fils douceur et douleur immenses
Réponds réponds mon petit enfant

Réponds réponds mon petit enfant

MAVISE

Mort ô mort ô vivante mort
Merveilleuse et cruelle mort
Mes larmes sang de mon esprit
Baignent le sol qui m'a rendu
Son suprême baiser ô larmes
Coulez pour ma grande douleur
Et la terre comme un anneau
T'entoure ô mon beau fiancé
C'est la bague des épousailles

VOIX DES MORTS ET DES VIVANTS

C'est le crépuscule de l'amour
Et qu'importent qu'importent les hommes
Qu'importent les frelons à la ruche
Qu'importent gloire richesse amour
Et qu'importent qu'importent les hommes
Adieu adieu il faut que tout meure

SCÈNE IV

LES MÊMES, NYCTOR, VAN DIEMEN,
ANSALDIN DE ROULPE

VAN DIEMEN

Voici des femmes

NYCTOR

Voici des cris

ANSALDIN

C'est ici le séjour de la mort

VAN DIEMEN

Mesdames c'est un séjour malsain
Ne restez pas ici suivez-nous

MADAME GIRAUME

Puisque je ne verrai plus mon fils
Emmenez-moi donc où vous vous voudrez

NYCTOR

à Ansaldin.

C'est une compagnie imprévue
Mais la femme est l'ennemie du rêve
Et je vais peut-être m'ennuyer
Moi qui jamais jamais ne m'ennuie
Hier elles s'amusaient peut-être
Aujourd'hui elles sont tout en larmes
Demain elles auront oublié
La mort pour ne songer qu'aux vivants

Et les voilà prêtes à nous suivre
Mais elles ne sont que deux tant mieux
Je pourrai s'il me plaît rester seul

ANSALDIN

Nyctor vous êtes vraiment injuste
Elles ne savent pas nos desseins
Elles supposent que nous voulons
Tout simplement les éloigner
De ce dangereux champ de bataille
Et ne pensent pas que nous allons
Voir le pays divin de la paix

NYCTOR

Il faut donc leur dire nos projets

ANSALDIN

Mais non elles ne nous suivraient pas
Plus tard elles apprécieront mieux
L'ineffable douceur de la paix
Car elles ont souffert

NYCTOR

Misérable

ANSALDIN

Et ce seront d'utiles compagnes

NYCTOR

Si vous ne les renseignez pas

ANSALDIN

Non

NYCTOR

Je vais leur dire ce qui en est

ANSALDIN

Je le défends si vous le tentez
Je vous tuerai car je n'admets pas
Que vous contrecarriez mes projets

NYCTOR

Je suis sans volonté Ansaldin
Et je me trouve à votre merci
Je vous hais voilà la paix promise
Et c'est déjà la haine entre nous

MADAME GIRAUME

Mavise venez aussi

MAVISE

Où ça

VAN DIEMEN

Ailleurs

MAVISE

Mère de mon fiancé
Je vous suivrai toujours et partout

NYCTOR

Et cette époque veut pour surnom
Ce terrible mot latin *cruor*
Qui signifie du sang répandu

ANSALDIN

Par ici il est temps de partir
J'entends les premiers éclatements

De ce qu'ils appellent aujourd'hui
Une préparation Venez

VOIX DES MORTS ET DES VIVANTS

Adieu Adieu il faut que tout meure

ACTE II

ACT II

VAN DIEMEN, MADAME GIRAUME

VAN DIEMEN

Quel agréable voyage

MADAME GIRAUME

Oui
Bien agréable où sommes-nous donc

VAN DIEMEN

Tout près de l'Équateur dans une île africaine
Que ne hante jamais aucun navigateur
D'après ce qu'en a dit notre cher Ansaldin
C'est une île déserte à moins qu'elle ait changé
Et soit peuplée depuis son exploration
Par les grands voyageurs Livingstone et Stanley
Et nous y rencontrerons peut-être quelques nègres
Des serpents et aussi des monstres poétiques
Que nous inventerons pour vous faire plaisir

MADAME GIRAUME

Quoi une île déserte en Afrique
L'Équateur des serpents et des monstres
Est-ce possible mais vous riez
Vous vous moquez de moi n'est-ce pas

VAN DIEMEN

Non c'est vrai

MADAME GIRAUME

Vous souriez

VAN DIEMEN

Mais non

MADAME GIRAUME

Nous n'avons pas quitté mon pays
Serait-ce vrai non mais il fait chaud
Oui il fait une chaleur torride
Mais non vous riez je ne vois point
De végétation tropicale

VAN DIEMEN

C'est qu'elle ne se laisse pas voir
Dès l'abord et que pour distinguer
La végétation tropicale
De celle qui ne l'est pas il faut
S'entendre un peu à la botanique
Mais avec de l'habitude

MADAME GIRAUME

Quoi
L'Équateur la chose est incroyable
Cependant vous me l'affirmez

VAN DIEMEN

Oui

MADAME GIRAUME

Mais quels gens êtes-vous donc

VAN DIEMEN

Nous
Nous aimons la paix et nous fuyons
Les pays qu'elle n'habite pas
Par pitié pour votre désespoir
Nous vous avons priées de venir avec nous
Et vous êtes venues de plein gré

MADAME GIRAUME

Ce que vous m'apprenez m'étourdit
Et il faut que je m'y habitue
Et puis oui vous avez eu raison
Qu'aurions-nous fait là-bas

VAN DIEMEN

En effet

MADAME GIRAUME

Les femmes sont faites pour la paix
Mais où donc trouver la paix sinon
Dans une île déserte

VAN DIEMEN

C'est ça

MADAME GIRAUME

Mais nous y serons si abandonnés
Cinq êtres tout seuls dans l'univers

VAN DIEMEN

Unis comme les doigts de la main
Eh oui nous serons seuls

MADAME GIRAUME

Seuls tout seuls

VAN DIEMEN

C'est l'heure pour certains
         De supporter
         La solitude
Là-bas d'où nous venons un homme n'est plus rien
Là-bas l'individu n'est qu'une particule
D'êtres aux corps énormes anciens ou nouveaux
L'homme n'est qu'une goutte au sang des capitales
Un tout petit peu de salive dans la bouche
Des assemblées brin d'herbe au champ qu'est un pays
C'est un simple coup d'œil jeté dans un musée
La pièce de billon dans la caisse des banques
C'est un peu de buée aux vitres d'un café
Il pense mais il est l'esclave des machines
Les trains dictent leurs lois à l'homme dans l'horaire
L'homme n'était plus rien c'est pourquoi nous fuyons
Pour retrouver un peu de liberté humaine

MADAME GIRAUME

Je vous écoute comme on écoute
Son libérateur ce que vous dites
Me cause une allégresse infinie
Un plaisir

VAN DIEMEN

Prenez garde madame
Mais je ne m'habituerai jamais
A ce que vous ne soyez plus triste
Vous devez nous rappeler sans cesse
Dans le domaine heureux de la paix
Les douleurs dont on souffre là-bas

SCÈNE II

ANSALDIN DE ROULPE, MAVISE

MAVISE

Oui c'est une infamie
Vous nous avez trompées
Vous vous êtes moqués
De femmes malheureuses
Je veux voir à l'instant
Ce monsieur Van Diemen
Je veux qu'on nous ramène
Dans notre beau pays

ANSALDIN

Oh je l'attendais cette colère
Cette fureur vous êtes injuste
Nous vous avons sauvées de la mort
Et de la plus affreuse tristesse
Qu'auriez-vous fait là-bas dites-moi
Simples cellules madréporiques
Des atolls monstrueux et dolents
Qui montent à la surface affreuse
Du tragique océan humain
D'ici vous dominez l'univers

MAVISE

Qu'importe le Devoir
C'est de rester là-bas
C'est le devoir des femmes
De panser les blessures
De consoler les cœurs

ANSALDIN

C'est donc Nyctor qui avait raison
Il ne voulait pas que vous veniez

MAVISE

Si vous aviez tout dit
Vous auriez bien agi
J'au cru que simplement
Vous vouliez nous mener
Hors du champ de bataille
Et non à l'Équateur
Pour y chercher la paix
Mais elle est cette paix
Seulement dans les cœurs
Et c'est le savez-vous
Le devoir accompli

ANSALDIN

Pardonnez-moi car en vous voyant
J'ai été séduit et attiré
Puis j'ai compris qu'ainsi que moi-même
Vous aimiez avant tout la science
Et il me sembla que vous étiez
Semblable au terrain où lentement
Par hasard et par mille chimies
Se forment ces pierres précieuses
Qui taillées et polies sont si belles

MAVISE

La beauté est en tout
Le devoir accompli

ANSALDIN

Voulez-vous donc n'être que l'esclave
Des grandes paroles collectives

MAVISE

Mais ces grandes paroles désignent
Des êtres véritables Patrie
Nationalités ou bien races
Dont nous sommes une particule
Que dire d'un globule du sang
D'une simple cellule du corps
Qui se refuserait à remplir
Sa fonction

ANSALDIN

Soit et cependant
Hors vos États policés ou non
Du sang il naît un ordre nouveau
Il naît un État un grand État
La nation de ceux qui ne veulent
Plus de mots souverains plus de gloire
Et comme les premiers chrétiens
Ils sont tous prêts dans la douleur
Prêts à devenir universels
　　　　Le Christ acquit aux hommes
　　　　Leurs droits spirituels
　　　　Et la France inventa
　　　　Leurs droits philosophiques
　　　　Dans cette île déserte
　　　　Proclamons donc enfin
Leurs droits physiques et politiques

MAVISE

Nous n'avons pas le droit
D'abandonner ainsi
Les morts et les vivants

ANSALDIN

Vous êtes esclave de paroles

MAVISE

Ramenez-nous dans notre pays

ANSALDIN

Il naît une catholicité
Fondée seulement sur la science
Et sur l'intérêt immédiat
Des hommes ne serait-il pas juste
Dites-moi que leur tranquillité
Allât de pair avec les progrès
De l'industrie

MAVISE

Ô Folie
Ramenez-nous dans notre pays
Allez chercher Monsieur Van Diemen
Je vous attends ici

ANSALDIN

J'obéis

SCÈNE III

MAVISE

Peut-être me trompé-je
Les femmes souffrent tant
Et moi j'ai tant souffert

Mille pensées m'assaillent
Je ne me connais plus
Je crie contre le rapt
Qui m'a menée ici
Et au fond de moi-même
Je me sens presque heureuse
Ô vie ô vie instable
Je suis comme un jardin
Que le vent ou la pluie
Peut d'un instant à l'autre
Défleurir Vie passée
Violente et sublime
Et quelle fille étais-je
J'allais me marier
Et l'amour est sous terre
Mais qu'eût été l'amour
Je ne sais je ne sais
Je sais que je suis belle
Comme un champ de bataille
Tout l'amour crie vers moi
L'amour de tous les hommes
L'amour de tous les êtres
De toutes les machines
Mais puis-je puis-je aimer
Moi ivre de devoir
Ivre d'être assaillie
Par les tentations
Ivre d'y résister
A moi ivre de lutte
On voudrait imposer
La paix ignoble et triste
De cette île déserte
Non il faut que je parte
Il faut qu'on me ramène
Dans cette humanité

Pleine d'amour de haine
Mais j'hésite à partir
Comme un nouveau devoir
A surgi dans mon âme
A grandi dans mon cœur
Un devoir vis-à-vis
De cet enfant Nyctor
Qui se tient à l'écart
Honteux d'être parti
Honteux d'être poète
Honteux d'être vivant

SCÈNE IV

MAVISE, NYCTOR

NYCTOR

Êtes-vous donc égarée Mavise

MAVISE

Non j'ai prié monsieur Ansaldin
De retrouver monsieur Van Diemen

NYCTOR

Ah vous êtes outrée de ce rapt
Je vous devine et je vous approuve
Oui vous voulez repartir là-bas
C'est juste et je suis un grand coupable
Car moi seul de mes trois compagnons
Savais quel crime nous commettions
En vous entraînant sans vous le dire
Loin du jardin des explosions

MAVISE

Votre regard m'enivre Nyctor
Et vous devinez bien mes pensées
L'humanité tout entière parle
Par votre voix si harmonieuse
L'humanité dont je suis l'épouse
Depuis que mon fiancé est mort

NYCTOR

Je ne suis qu'un poète une voix
De l'infini une faible voix

MAVISE

Oui il y a dans votre réserve
Dans votre goût de la solitude
Quelque chose Nyctor qui m'échappe
Et qui pourtant m'attire écoutez
Et cependant j'avais renoncé
A la chimie trompeuse des cœurs
L'amour c'était pour moi une armée
M'assaillant m'assiégeant mais vaincue
Savante je rêvais d'un bonheur
Fondé sur le devoir accompli
Et sur la liberté de chercher
La lutte mais oui toujours la lutte
De l'humanité contre mon cœur
De mon cerveau contre la nature

NYCTOR

Et vous voilà réduite à la paix

MAVISE

Que de sphinx rôdent autour de moi
Tous m'ont crié devine devine
Et à chacun d'eux je voudrais bien

Pouvoir répondre j'ai deviné
Quel monstre singulier êtes-vous
Qui ne me proposez pas d'énigme
Dites-moi voulez-vous que je reste

NYCTOR

Votre devoir

MAVISE

Je le sacrifie

NYCTOR

Vos souvenirs

MAVISE

Je les sacrifie

NYCTOR

Ô femme ô femme plus mécanique
Plus mécanique que les machines
L'âme des canons est plus sensible
Que l'âme de la femme il ne crie
En elle que l'instinct de l'espèce

MAVISE

Je suis une femme bien étrange
Et aussi esseulée que vous l'êtes
Je cherche la formule savante
Qui contiendrait la toute-puissance
Permettez Nyctor que je m'éclaire
A la flamme de votre cerveau
Nous unirons si vous le voulez
La science avec la poésie
Ainsi qu'il fut au commencement
Mais non non je m'égare Nyctor

Je ne sais plus rien Nyctor plus rien
J'ai tout oublié tout oublié
Et de plus je n'ai rien deviné
Oui il faut aimer sans rien savoir

NYCTOR

Aimer c'est sans doute la formule
De la puissance absolue aimer
Mais qui peut aimer à volonté

MAVISE

Celui qui ne fuit pas le danger

NYCTOR

C'est vrai le danger est à la vie
Comme le sublime est au poète
Mais que cela est loin de l'amour
Tiens voici Ansaldin il vous aime
Adieu

MAVISE

Est-ce la paix entre nous

NYCTOR

Adieu

SCÈNE V

LES MÊMES, ANSALDIN DE ROULPE, LE SOLITAIRE

ANSALDIN

J'ai parcouru toute l'île
Ne vous en allez donc pas Nyctor
Je n'ai pas rencontré Van Diemen

MAVISE

Oh il ne doit pas être bien loin

ANSALDIN

Voici le seul habitant de l'île

LE SOLITAIRE

Je vous le répète fuyez donc
Ce volcan le maître de cette île
Se réveille fuyez avant peu
Il dévastera tout mais fuyez
Ou bien vous périrez avec moi
Fuyez Fuyez

SCÈNE VI

LES MÊMES, VAN DIEMEN,
MADAME GIRAUME

ANSALDIN

Oui cet homme a bien raison
En errant dans l'île j'ai bien vu
Le grave danger qu'il nous annonce

Le solitaire est sur le point de s'évanouir.

VAN DIEMEN

Qu'avez-vous

MADAME GIRAUME

Cet homme meurt de faim

LE SOLITAIRE

Non non mais laissez-moi me remettre
Depuis dix ans je n'ai pas parlé
Avec un être humain

ANSALDIN

Quelle paix

LE SOLITAIRE

Oui si on peut appeler ainsi
La dure lutte avec la nature
Avec les animaux les insectes

VAN DIEMEN

Venez avec nous pourquoi rester

NYCTOR

Oui venez

LE SOLITAIRE

Je n'en ai pas le droit
Le devoir me retient dans cette île

ANSALDIN

Quel est donc cet austère devoir

LE SOLITAIRE

Le devoir d'expier un grand crime
Mais vous êtes là comme des juges
Vous qui vous envolerez bientôt
Ô multiple oiseau inattendu
Je vais vous dire ce que j'expie
Vous jugerez et vous partirez
Tandis que vous vous envolerez
Un feu mortel me purifiera

VAN DIEMEN

Parlez

NYCTOR

Parlez

LE SOLITAIRE

Mes compatriotes
M'ayant accablé sous l'injustice
Je me suis vengé en trahissant
Puis je fus justement condamné
Tandis que le navire voguait
Vers le lieu où l'on me déportait
Je me suis évadé à la nage
Et je n'ai pas le droit de partir
J'ai moi-même choisi ma prison
Quand on a conscience du crime
On ne s'évade pas de prison
Tant qu'on n'a pas encore expié
Et je n'ai pas encore expié
J'ai mené une vie admirable
Dans sa sauvagerie une vie
De luttes dont je fus le vainqueur
Laissez-moi laissez-moi donc adieu
J'ai voulu choisir le châtiment
Et non l'éviter Adieu fuyez
Adieu je ne suis qu'un criminel

.NYCTOR

Vous le fûtes

LE SOLITAIRE

Qu'entends-je Merci

VAN DIEMEN

Mais si vous tenez à expier
Vous n'avez pas le droit de mourir
Il faut vivre et souffrir

LE SOLITAIRE

Est-ce vrai

ANSALDIN

Venez avec nous

LE SOLITAIRE

Qui êtes-vous

ANSALDIN

Des hommes qui voient en vous un homme
Comme les autres pendant qu'ailleurs
Les autres s'entretuent

LE SOLITAIRE

Où cela

VAN DIEMEN

Là-bas Dans tous les pays

LE SOLITAIRE

Ô joie
Ô joie on peut donc verser son sang
On peut mourir honorablement
On peut mourir glorieusement
Emmenez-moi aux pays sanglants
Je mourrai pour ceux que j'ai trahis
Je réparerai enfin mon crime
Juges descendus du ciel dans l'île

Voulez-vous m'absoudre de mon crime
Et suis-je un homme comme les autres
Un homme ayant le droit de mourir
En poussant le cri de la bravoure
Un homme dont le sang peut couler
Comme un fleuve où je me laverai

VAN DIEMEN

Oui nous vous jugeons et votre crime
Est remis mais venez avec nous
Quand nous aurons trouvé le pays
Où gît cette paix que nous cherchons
Nous vous ramènerons aux pays
Où le sang coule

ANSALDIN

Vite venez
Vite il est grand temps d'appareiller
Nous gagnerons le pôle venez

MAVISE

Ce traître a plus fortement que nous
Le sentiment de son devoir

NYCTOR

Ah voyez le volcan jette des flammes
La lave jaillit c'est la nature
Qui se déclare notre ennemie

ANSALDIN

Venez

NYCTOR

Voyez donc comme est terrible
Cette paix que nous cherchons en vain

ACTE III

SCÈNE I

Entre ciel et terre.

NYCTOR, ANSALDIN DE ROULPE, VAN DIEMEN,
LE SOLITAIRE, MADAME GIRAUME, MAVISE
Puis LES VOIX DES DIEUX

VAN DIEMEN

C'est un éblouissement affreux
Ansaldin vous montez bien trop haut
Le soleil aujourd'hui a vraiment
Un éclat qu'on ne peut soutenir

ANSALDIN

Il faut cependant monter encore
Voyez ces gros nuages qui montent
Et nous montons pour fuir la tempête

MAVISE

Oh certains ont une forme humaine
D'autres nuages ont l'air de monstres

NYCTOR

Oui vous avez raison et depuis un quart d'heure
Je les vois arriver ce sont les dieux Mavise
Les dieux oui tous les dieux de notre humanité
Qui s'assemblent ici et c'est sans aucun doute
Bien la première fois que cela leur arrive
Les dieux de bois de pierre et d'or les dieux subtils
Et ceux de la pensée viennent vers le soleil
L'univers sous leur ombre oscille de terreur
Et l'atmosphère même en est toute troublée
Bel fend l'immensité avec ses douze cornes
Tous les temples se sont ouverts et tous les dieux
Sont venus de partout pour parler au soleil
Tous sont bons même ceux qui aiment les victimes
Ils ont toujours voulu la paix de leurs croyants
La plupart aiment l'homme et voudraient qu'il soit bon
Ils voudraient que jamais il ne donnât la mort
Ils veulent qu'à eux seuls s'immolent les hosties
Gages sacrés de paix entre l'homme et la vie
Les plus sanglants les plus cruels aiment la paix
Et c'est pourquoi ils viennent tous se concerter
Avec ce grand soleil qui nous vivifie tous
Voyez ces dieux ce sont une mer déchaînée
C'est un grand incendie qui s'avance et qui gronde
Voici les vieux génies taureaux au front humain
Dont la barbe ruisselle et coiffés de la mitre
Tous ces dieux monstrueux obscurcissent l'azur
Les dieux de Babylone et tous les dieux d'Assur
Voici Melquarth le nautonier et le moloch
L'affamé qui toujours nourrit son ventre ardent
Baal au nom multiple adoré sur les côtes
Ce tourbillonnement Belzébuth Dieu des mouches
Et des champs de bataille écoutez écoutez
Tanit vient en criant et Lilith se lamente

Et sur un trône fait de flammes étagées
D'anges épouvantés et de bêtes célestes
Terrible et magnifique entouré d'ailes d'or
De cercles lumineux à la lueur mouvante
Jéhovah le jaloux dont le nom épouvante
Arrive fulgurant infini adorable
Voici des dieux toujours des dieux toujours des dieux
Tous les antiques dieux venus des pyramides
Les sphinx les dieux d'Égypte aux têtes d'animaux
Les nomes Osiris et les dieux de la Grèce
Les muses les trois sœurs Hermès les Dioscures
Jupiter Apollon tous les dieux de Virgile
Et la tragique croix d'où le sang coule à flots
Par le front écorché par les cinq plaies divines
Domine le soleil qui l'adore en tremblant
Voilà les manitous les dieux américains
Les esprits de la neige et leurs mouches ganiques
Le Teutatès gaulois les walkyries nordiques
Les temples indiens se sont aussi vidés
Tous les dieux assemblés pleurent de voir les hommes
S'entretuer sous le soleil qui pleure aussi

LES VOIX DES DIEUX

Soleil ô vie ô vie
Apaise les colères
Console les regrets
Prends en pitié les hommes
Prends en pitié les Dieux
Les Dieux qui vont mourir
Si l'humanité meurt

SCÈNE II
Le pôle Sud.

LE SOLITAIRE, NYCTOR,
ANSALDIN DE ROULPE, VAN DIEMEN,
MADAME GIRAUME, MAVISE

VAN DIEMEN

Nous voici au pôle mes amis
Est-ce ici le séjour de la paix
Ansaldin vous nous avez promis
De nous rendre la vie agréable
Et nous tremblons de froid et de peur

NYCTOR

Hélas

MAVISE

Parfois le sommeil me gagne
Comme si tout se glaçait en moi

MADAME GIRAUME

Moi je regrette un petit balcon
Donnant sur une rue peu passante
Et le bruit très lointain des tramways
Banquise de souvenirs glacés

MAVISE

Souvenirs Souvenirs

LE SOLITAIRE

Mais j'espère
Que nous ne resterons pas longtemps
Dans ce désert vous m'avez promis

De me ramener dans les pays
Du grand courage individuel

NYCTOR

La blancheur souveraine qui brille
Partout est l'image de la paix
Implacablement froide la paix
Vers laquelle monsieur Ansaldin
De Roulpe nous a enfin menés
Nous ne tarderons pas à connaître
Cette paix dans toute son horreur

MADAME GIRAUME

La profonde et l'éternelle mort

VAN DIEMEN

De fortes brises accompagnées
De durs flocons de neige voyez
Font rage continuellement
Et couvrent tout d'un brouillard livide
Fait d'embrun et de l'humidité
Congelée de l'atmosphère

NYCTOR

Hélas

VAN DIEMEN

Mais si monsieur Ansaldin de Roulpe
Réussit ses miracles savants

ANSALDIN

Mais ne vous impatientez pas
J'organiserai tout savamment
Logis chauffage éclairage tout
Et je tirerai tout de la glace

NYCTOR

à Van Diemen.

Il ne faut pas trop compter sur lui
Je crois bien qu'il est devenu fou
Si je savais mener l'avion
Nous repartirions oui Ansaldin
Est fou et nous ne tarderons pas
A le devenir aussi nous tous
La mort nous attend Adieu Mavise
Il me semble que ma pensée se gèle

MAVISE

Ma parole se glace au sortir
De ma bouche

MADAME GIRAUME

Je me sens mourir

ANSALDIN

Ne désespérez pas je vous prie
Mais ayez tous confiance en moi
Et je vois déjà la cité blanche
Qui bientôt s'élèvera ici
Je ferai jaillir une lumière
Toutes les banquises brilleront
Comme des diamants

MAVISE

C'est fou

ANSALDIN

Et des palais seront nos demeures
La terre donnera la chaleur

Des profondeurs une vie magique
Va naître ici bientôt

LE SOLITAIRE

                    Mais je veux
Aller au pays où l'on se bat
Ô souvenirs cruels souvenirs

NYCTOR

Le froid augmente en mourant ici
Nous aurons la consolation
De ne point tomber en pourriture
Dans des siècles nous serons intacts
Comme si nous dormions car la mort
Ce n'est pas la putréfaction
Dans ce lieu merveilleux de la paix
Mais seulement un sommeil sans fin

VAN DIEMEN

Allons ne nous abandonnons pas
Au désespoir et séparons-nous
Pour aller tous à la découverte
Pour ma part parmi les blocs épars
Je vais sur ces pentes de cristal
Reconnaître notre blanc royaume

SCÈNE III

MAVISE, NYCTOR

NYCTOR

Leurs silhouettes dans le brouillard
Sont comme des fantômes

MAVISE

Hélas

Vous êtes cruel Nyctor oui vous l'êtes
Vous avez écarté tout espoir
Nous n'avons plus foi dans Ansaldin
C'est votre faute

NYCTOR

Mais il est fou

MAVISE

La folie a fait de grandes choses
Le doute est toujours cause de mort
Sachez qu'on peut tout utiliser
Même les aurores boréales
Qui splendides marchent dans le ciel
En froissant leur grand manteau de soie

NYCTOR

Mais nous sommes plus près de la mort
Plus près qu'avec une mitrailleuse
Braquée sur notre poitrine

MAVISE

Quoi

Oh lâche je vous méprise L'homme
N'est-il pas en tous lieux et toujours
En danger Fou ou non Ansaldin
Espère Vous rêvez à la mort
Puisque vous avez votre bon sens
Sauvez-nous inventez soyez homme

NYCTOR

Ô nuit ô splendide nuit où rampent
Les célestes bêtes de phospore

Belles musiques agonisant
Dans la rondeur de l'immensité
Je jouis pleinement de la paix
De ses splendeurs et de ses blancheurs
Et l'éternité qui les fit naître
Ne les verra jamais mourir

MAVISE

                Ah
Il est devenu fou il est fou
Tous sont devenus fous

NYCTOR

                          C'est je crois
Une promesse d'éternité
Que mourir dans cette froide paix
Mais je vais aller me promener

MAVISE

J'ai peur de lui j'ai peur d'être seule

Elle crie.

Venez tous au secours au secours

SCÈNE IV

*Un autre site du pôle avec une banquise de glace transparente
qui renferme un corps de femme.*

LA FEMME DANS LA BANQUISE DE GLACE,
NYCTOR

NYCTOR

entrant.

Comme elle est belle mais je suis fou
Est-ce possible ou n'est-ce qu'un songe

Je vois bien devant moi la beauté
L'adorable beauté de mes rêves
Elle est plus belle que dans les livres
Toutes les imaginations
Des poètes n'avaient supposé
Elle est plus belle que ne fut Ève
Plus belle que ne fut Eurydice
Plus belle qu'Hélène et Dalila
Plus belle que Didon cette Reine
Et que non Salomé la danseuse
Que ne fut Cléopâtre et ne fut
Rosemonde au Palais Merveilleux
Ô beauté je te salue au nom
De tous les hommes de tous les hommes
C'est moi qui t'avais imaginée
C'est moi qui t'ai enfin inventée
Je t'ai créée fille de mes rêves
Je t'adore ma création

SCÈNE V

LES MÊMES, ANSALDIN DE ROULPE

ANSALDIN

Que vois-je quelle est cette merveille
Mais c'est là un phénomène unique
On parle de mammouths millénaires
Retrouvés intacts en Sibérie
C'est une femme et quelle beauté
Voilà voilà la vie immortelle
La paix harmonieusement belle
C'est la science parfaite et pure
C'est la plus belle qu'on puisse voir

Et cependant elle est plus antique
Que la plus antique des beautés
Qu'aient jamais célébrée les poètes
Elle est vraie ce n'est pas un prestige
Elle est là derrière cette glace
C'est la beauté la jeunesse même
Et c'est l'être le plus ancien

NYCTOR

Ne serait-ce pas Ève elle-même

ANSALDIN

Qu'importe son nom c'est la science
Celle que depuis les origines
Le froid de la paix a conservée
Belle et pure à jamais

NYCTOR

Et je l'aime

ANSALDIN

Arrière qui donc ose l'aimer

NYCTOR

Moi je l'adore et elle est à moi
A moi seul qui l'ai vue le premier

ANSALDIN

Mais qu'importe elle n'est qu'à moi seul
Puisque seul je puis la conserver
Je suis seul à pouvoir assurer
La perpétuité de sa beauté

NYCTOR

Et moi je l'idéaliserai

ANSALDIN

Et moi je la sauvegarderai

NYCTOR

C'est l'Idéal

ANSALDIN

Non c'est la science
Mais quelle gloire pour un savant
Je la transporterai en Europe
Et quelle gloire m'entourera
La gloire même de sa beauté
Devant quoi pâliront les artistes
Devant quoi pâliront les poètes
On bâtira un musée pour elle
Ce sera son palais éternel
Où elle survivra à jamais
On y portera ce bloc de glace
Sans cesse jour et nuit des machines
Seront occupées à la garder
Froide et dure transparente comme
Un diamant oui un diamant
Un immense diamant de glace
C'est la seule splendeur qui soit digne
De sa beauté précieuse et pure

NYCTOR

Mais si vous ne m'aviez pas suivi
Vous n'auriez pas trouvé cette femme
Avouez qu'elle est à moi

ANSALDIN

A moi

NYCTOR

Elle est à moi qui l'ai inventée

ANSALDIN

A moi qui peux la sauvegarder

NYCTOR

Mais elle est la fille de mes rêves
Et de mon imagination

ANSALDIN

Mais elle est une réalité
Elle est à la science et non pas
A l'irréelle poésie

SCÈNE VI

LES MÊMES, VAN DIEMEN

VAN DIEMEN

Ah
Je ne rêve pas non Qu'elle est belle

NYCTOR

Elle est à moi

ANSALDIN

Non elle est à moi

VAN DIEMEN

Elle est à moi oui elle est à moi
Car c'est moi qui suis venu ici
Et vous ne m'avez suivi que grâce
A la bonté que j'eus de vous prendre
Avec moi est-ce vrai Répondez
Sans moi vous seriez restés là-bas

La voilà la paix la belle paix
L'immobile paix de nos souhaits
Elle est à moi partez mais partez

ANSALDIN

Elle est à moi

NYCTOR

Elle n'est qu'à moi

SCÈNE VII

LES MÊMES, LE SOLITAIRE

LE SOLITAIRE

Qu'elle est belle A vous cette merveille
Non non Elle est à moi tout seul
Elle est à moi et non pas à vous
Des fous des trompeurs Je veux
Que vous vous en alliez laissez-moi
J'ai été longtemps seul laissez-moi
Avec elle je veux vivre ici
Allez-vous en mais allez-vous-en
Je vous ai tous sauvés de la mort
Dans l'île volcanique est-ce vrai
Laissez cette femme solitaire
Au solitaire que j'ai été
Allez-vous-en donc je vous en prie
Elle est à moi et non pas à vous

NYCTOR

Ève modèle de la beauté

ANSALDIN

La science qui ne change pas

VAN DIEMEN

Immobile et très belle à jamais
C'est la paix même que nous cherchons

LE SOLITAIRE

Puisque vous le voulez ce sera
Pour elle que nous nous battrons

ANSALDIN

Soit

VAN DIEMEN

Jusqu'à la mort

NYCTOR

Oui jusqu'à la mort

Ils se battent.

SCÈNE VIII

LES MÊMES, MADAME GIRAUME, MAVISE,
VOIX DES MORTS ET DES VIVANTS

MAVISE

Et voilà cette paix qu'on cherchait
Cette immobile paix pour laquelle
Ils se battent ces malheureux fous

VAN DIEMEN

Ah je meurs Assassins Assassins

MAVISE

Quelle horreur et nous vivrons encore
Jusqu'à ce que le froid souverain
Faisant tourbillonner un grand vent
Sur nos silhouettes accroupies
Crie désespérément son triomphe

NYCTOR

Je meurs avec joie pour sa beauté

ANSALDIN

Je meurs satisfait j'ai tout connu

LE SOLITAIRE

Ah il m'a tué mon sang me lave

MAVISE

Voilà cette paix si blanche et belle
Si immobile et si morte enfin
La voilà cette paix homicide
Pour laquelle les hommes se battent
Et pour laquelle les hommes meurent

MADAME GIRAUME

Ô mon fils je t'avais oublié
Tu mourus en faveur de la vie
Nous mourons d'une paix qui ressemble à la mort

VOIX DES MORTS ET DES VIVANTS

Adieu Adieu il faut que tout meure

VARIANTES

L'ENCHANTEUR POURRISSANT

Principales variantes données par la préoriginale de L'Enchanteur pourrissant (Le Festin d'Ésope, *mars à août 1904*).

Page 21.

* (tu as bien dansé). Ne crois pourtant pas avoir été enchanteresse ni incantatrice ; à la vérité tu m'enchantas, moi l'enchanteur, mais tu n'es que l'incantation, cause de mon enchantement. Je suis enchanté, va-t-en, tu ne peux plus rien. Toi-même ·tu es incantée et c'est pourquoi, dame, tu ne sais pourquoi tu as fait ceci. » C'est (à ce moment seulement, au son de la véritable voix inouïe de l'âme de l'enchanteur) que (la dame sentit la lassitude de la danse. Elle s'étira) et du pan de sa tunique (essuya son front mouillé de sueur). Par ce geste, la couronne de fleurs d'aubépine qui entourait sa tête chut sur la tombe de l'enchanteur. La dame lasse s'esclaffa de nouveau et dit en réponse aux paroles de Merlin : « Parce que je suis jeune et belle. » Puis ayant cessé de rire elle bâilla en s'étirant comme une chatte perfide. Sa tunique s'ouvrit et les seins se dressaient comme d'ivoire avec la pointe de corail. Elle dit encore : « Parce que je suis jeune et (belle comme le jardin d'avril, comme la forêt de juin, comme le verger d'octobre, comme la plaine de janvier). »

Page 25.

* (Il s'envola en croassant.)

LA DAME DU LAC
en soi-même.

Il est mort, le corbeau l'a attesté. Être invisible est un bonheur
négatif. J'ai bien peur que le mort n'ait dit vrai. Incantée! incantée!
Pour lui, il est possédé par bonheur durable.

PREMIER DRUIDE

Qu'as-tu accompli, ces derniers temps, sur les monts, à l'ombre
des chênes sacrés?

DEUXIÈME DRUIDE

Chaque jour, (j'aiguise ma faucille)

** (Je me suis rendu en son palais pour) savoir ce que la prin-
cesse pensait de cette union. L'inceste lui répugnait. Aussi, ai-je
(dissipé les scrupules du vieux roi)

*** (Je les ai chassées.) Elles me dégoûtaient : (quoique vierges,
elles étaient blessées). Leurs menstrues corrompaient (l'air dans
ma demeure.)

Page 28.

* Annoncent (par un vol aquilin)
   Qu'une (dame au) tétin (qui pommelle)

Page 29.

* (Ces baptisés, pareils à) quelque essaim sans ruche,
   Se moquent de la mer qui *justement,* je crois,
   Brisera chaque barque, hélas! comme une cruche.

Page 34.

* (nous assistons aux sabbats inutiles). Pauvres petites bêtes
bondissantes, on nous poursuit comme les reines veuves. Nous
savons toutes l'horreur d'assister aux sabbats et d'être comes-
tibles. Les chauves-souris au vol sinistre et lourd feignent une
perfection humaine. Hélas! nous, aux jambes écartées ne sommes-
nous pas des exemples de la femme. Les grenouilles à l'envers
et les femmes couchées se ressemblent pour tous les dégoûts
humains.

LÉZARDS
(*à peine éveillés*).

** (La voix est) plus humaine et (plus qu'humaine), et si forte qu'il faut croire que celle qui se lamente se croit seule, dans un désert, loin de tout être pitoyable. (Mais quoi!)

Page 35.

* Oï, oï, hoï, oï, oï, hoï, moi, (première mère). Oï, hoï, (mes enfants sont pour moi). Oï, hoï, oï, ôï, ôï, aui, hôï, hauï, oï. La (fuite), oï, auï, hoï, la (méchanceté des hiérarchies), oï, la (fuite), oï, la fuite, oï, oï, oï. (J'ai oublié les noms des anges qui m'ont poursuivie.) Oï, hauï, oï, oï, oï, oï, oï. Les mers, toutes les mers, hauï, la mère avant le père, ooï, auoï (comme la mer Rouge est lointaine), ooï, ooï, ôoï, ohoï, hohoï, ooï.

** (dans sa cellule) en Allemagne.

Page 36.

* (votre élection). *Amen.*
Or, le miracle s'accomplit à ce moment selon le vœu de l'abbé qui se remit à écrire dans sa cellule, en Allemagne, l'histoire du monde. (Lilith cessa d'ululer et s'enfuit.)

Page 40.

* (me satisferait mieux.) J'ai soudoyé tous les vidangeurs, aucun n'a pu m'en procurer de l'authentique. (Je cherche cette rare denrée.)

Page 41.

*

ELFES,
(*chaussés de cristal*).

Le pauvre idiot! L'intention de rompre un charme. (Les velléités ne prévalent contre aucune volonté.) Tu dis : « Je voudrais ». Quand il faut dire : « Je veux ». Mais (tu ne peux rien. Impuissant!)

(LE SORCIER),
froissé.

Pardon! (J'ai quatre enfants à nourrir.)

Page 42.

*   (HÉLÈNE),

(fardée), avec des poches sous les yeux et la patte d'oie au coin de l'œil :

Page 43.

LE (CHŒUR FÉMININ)

* Il se passe (dans la forêt profonde et obscure) de mauvaises choses. (Il y a) (une odeur vivante, une odeur de) vraie (femme.) Tous (les mâles sont en rut)

Page 44.

*   (CHŒUR)
(DES HIÉRARCHIES)
CATHOLIQUES,
en haut et inouïes.

** (Je te loue tristement), dame noire, vierge et mère, je te loue d'être ce que je n'ai pas été. Sois-moi secourable au nom de mon nom et prie ton fils qui m'a sauvée pour qu'il me reçoive au paradis, pénitente, humble, involontaire et purifiée.

Page 46.

* (emportèrent par lambeaux) (la chair de la morte) en pose obscène et pieuse. Les anges recueillirent son âme et l'emportèrent (par-delà le ciel) (visible), aux bonnes demeures.

** (Elle est trop pure maintenant) cette âme de quadragénaire obscène. Voyez comme (elle monte), elle plane, (elle est ronde, elle est juste, elle n'a pas de nom.)

VOIX DU PURGATOIRE

Sainte Violée, priez pour nous.
Sainte Violée, rafraîchissez-nous.

(UN CHÉRUBIN)

*** VOIX DE L'ENFER (au lieu de : LE CHŒUR MASCULIN).

Page 47.

* (Elle est damnée.)

L'âme de la violée roula (de sphère en sphère), mais les damnés et les diables l'attendirent en vain, dans l'enfer douloureux.
(Les violateurs s'attristèrent)

Page 49.

* (Je suis mort et froid.) Je n'ai pu la rendre enceinte. (Fées, allez-vous en, celle que j'aime) et (qui est plus savante que moi-même), (veille encore)

Page 58.

* (Scorpions, vous êtes injustes.) Vous êtes inférieurs à vous-mêmes, puisque vous mourez volontairement devant vous-mêmes. Les sphinx, eux, ne meurent volontairement que devant des puissances supérieures. Ils aspirent à la mort volontaire, mais il est rare qu'ils en trouvent l'occasion. (Allez-vous en)

Page 60.

* (Les tombeaux sont plus sincères que les urnes) funéraires, (mais ils tiennent trop de place). L'homme façonne tout dans la nature, il ne respecte aucune vie, pourquoi n'oserait-il pas régler la putréfaction des cadavres ? Ces vers détruisant mon corps, marquent une certaine déchéance morale de l'homme d'aujourd'hui. Animaux, (bêtes), (allez loin du Béhémoth)

Page 63.

* (Voici un instant divin, je vais) savoir (le résultat du jeu) : (qui est mort le premier ?) Ce qu'il y a de plus admirable, c'est que premier est ici synonyme de dernier ; bien que pour moi et pour tous il soit (nécessaire de dire le premier.)

Page 64.

* (Ensuite vint un homme maigre, aux yeux effrayants), sa face décharnée annonçait des pénitences sans nombre ; il marchait avec peine. Sa chevelure, sa barbe et ses moustaches incultes étaient pleines de poux. Dès qu'il fut dans la clairière, il (s'accroupit) et ramassa autour de soi quelques corps qu'il rejeta aussitôt avec dégoût. Il porta ensuite ses mains à sa poitrine et serra (ardemment) son (crucifix).

Page 65

*   (SAINT SIMÉON STYLITE)

Arrière Satan! Au nom du père, du fils et du Saint-Esprit. Satan, torture-moi, mais du moins tente-moi de façon intelligente et humaine. D'ailleurs, je puis être orgueilleux légitimement aujourd'hui, je suis le stylite glorieux, ton contraire, fils de diable, de même que le contraire du (caveau mortuaire et souterrain), c'est (la colonne qui s'élance au ciel). Adieu, pourriture enchantée.

L'ENCHANTEUR POURRISSANT

Adieu, stylite, mais souviens-toi que les premiers morts furent ailés.

SAINT SIMÉON STYLITE

(Souviens-toi longtemps encore de ton baptême), enchanteur pourrissant.

Le stylite (s'en alla).

(Les vers se hâtaient)

Page 67.

* (Dans la forêt profonde et) obscure, l'enchanteur pourrissait. *Cette phrase est répétée à la fin du chapitre.*

** *Une ligne de points sépare désormais chaque paragraphe de ce chapitre ; presque tous commencent de plus par des points de suspension.*

Page 68.

* (Les filles) ont aimé tout le temps des cerises.

Page 72.

* Quelques jours se passèrent. (Couché), (dans) la tombe comme le sont les cadavres, (l'enchanteur) pourrissait.

** (au fond du lac.)

L'enchanteur pourrissant pensait aux poissons et aux êtres ailés. L'âme de l'enchanteur était sereine comme sa face putride. (Six hommes arrivèrent dans la forêt.)

Page 74.

*   (L'ENCHANTEUR) POURRISSANT

Un hermaphrodite, (tu n'es qu'un hermaphrodite.)

ÉLIE

Et toi un épileptique pourrissant et enfermé dans une tombe étroite et obscure.

EMPÉDOCLE

** (Je suis mort par amour) et n'ai appris mon trépas à personne.

EMPÉDOCLE

C'est là l'inconcevable. Tu es un suicidé.

L'ENCHANTEUR POURRISSANT

Non pas. On m'a forcé à mourir.

EMPÉDOCLE

On t'a tué.

L'ENCHANTEUR POURRISSANT

Non plus. Je suis entré vivant dans la tombe.

(EMPÉDOCLE)

Philosophe admirable. (Tu savais tout.)

L'ENCHANTEUR POURRISSANT

Oui!

APOLLONIUS DE TYANE

Même ce que valent les nombres?

L'ENCHANTEUR POURRISSANT

1, 2, 3, 4. Je te salue pour les 4 par côté ce qui fait 10 et jusqu'à 36. Il n'y a pas de soustraction, es-tu content?

APOLLONIUS DE TYANE

Nudité sépulcrale, abstinence sépulcrale, enchanteur pourrissant, qui ne saurais pas garder un secret! pas plus content que des (gymnosophistes).

Page 75.

* (Ô) le plus (riche) des (voyageur)s, les cinq sous de ton errance ne m'émeuvent pas, bien que tu ne puisses même pas t'asseoir chez le barbier, tant tu as hâte. (Je suis incirconcis et baptisé,) ton contraire, ô pédestre, (et pourtant j'ai été à Jérusalem)

Page 77.

* (Quand le fruit est) trop (mûr, il se détache) de l'arbre (et n'attend pas que le jardinier vienne le cueillir. Qu'ainsi fasse l'homme,) qu'il choisisse son heure, l'heure du bon suicide pour éviter d'être tué comme un chien par ceux dont ce n'est pas l'heure.

Échappé on ne sait comment du joli troupeau de Pan, un sphinx était venu et s'était couché, comme un chien, au pied de la tombe et semblait attendre en sommeillant l'instant de mourir volontairement. Énoch, vieillard antédiluvien, ne put retenir un vent puant, au bruit duquel le sphinx se réveilla, se dressa et concevant une occasion de mourir volontairement demanda :

Qu'est-ce...?

L'ENCHANTEUR POURRISSANT

Le symbole du suicide et de sa gloire.

Et Apollonius de Tyane, qui ne mourut pas, bien que les habitants de Linde, dans l'île de Rhodes, prétendent posséder son tombeau et honorer sa mémoire, s'écria lyriquement :

Ô Platon! que deviens-je à ces voix qu'on entend?

Les cygnes et les pets se meurent en chantant.

Et tandis que de la cime d'un arbre élevé le sphinx se précipitait, l'enchanteur parla encore tristement :

(Vous qui ne mourûtes pas, qui) (dans la forêt) (êtes six), (comme les doigts de la main, et un poignard dans la main, que ne vous serrez-vous, que ne vous repliez-vous), de façon à former un poing, un poing puissant, formidable? Vous! les (doigts qui pourriez fouiller) sans crainte de mourir, le (poing qui pourrait poignarder) sans crainte de mourir, qui pourriez (battre) sans crainte de mourir, qui pourriez montrer, (indiquer,) sans crainte de mourir, qui pourriez (gratter la pourriture), palper la pourriture, prendre la pourriture sans crainte de pourrir, sans crainte de mourir. (Vous) qui (n'êtes pas morts) : (Antédiluvien, Hermaphrodite, Juif errant, Volcanique, Magicien, Puceau), (vous) qui (êtes six comme les doigts de la main et un poignard dans la main, que n'agissez-vous comme la main qui poignarde? Hélas, il y a trop longtemps que vous n'êtes pas immortels.)

(APOLLONIUS DE TYANE)

Par (le silence) nous serons (immortel)s.

L'ENCHANTEUR POURRISSANT

Ô profondeur! Les silencieux sont immortels comme le néant serait éternel. (Tais-toi, silencieux!)

ISAAC LAQUÉDEM,
très loin et incompris

La terre est ronde!...

Page 80.

* (Il n'a pas toujours le printemps, mais il nous a toujours.) (Au lieu de cette bonne vie au centre de notre éloignement, il préfère chercher à nous saisir afin) de s'entr'aimer, et enfin, las de ne rien saisir comme si nous étions des fantômes, il les bat et c'est son seul moyen d'amour. Moyen d'homme en vérité, qui fait de l'amour une bataille suivie de sa victoire, sa victoire d'homme vaincu. Car tu vaincs le diable peut-être comme j'ai vaincu l'enchanteur.

— Or, l'enchanteur qui pourrissait sourit en son âme. Il se dit : voici qu'à cette heure (les femmes ne connaissent pas l'amour, et l'homme, l'homme ne peut-il) saisir (cet amour incarné dans la femme?) Je me doutais bien que (personne n'a)vait (pris l'habitude d'aimer. Les femmes) aimeraient la perfection de l'homme. Et l'homme, l'homme? Nous verrons bien...

(L'enchanteur avait à la disposition de sa voix)

Page 83.

* L'Enchanteur pourrissant *se termine ainsi dans* Le Festin d'Ésope :

(en lui tournant le dos?)

L'enchanteur s'étonna du discours de la dame du lac, et parla en sorte qu'elle l'entendît.

(L'ENCHANTEUR) POURRISSANT

(Dame que j'aimais, pour qui donnes-tu tes symboles dans la forêt où) nul ne t'entend, sinon moi qui suis mort et pourrissant? (Tu parles de l'homme) — troupe de porcs et son gardien — (tu parles de ce troupeau mal gardé qui s'en va vers) cette auge pleine : (le soleil.) — De ce troupeau de porcs tremblants non de crainte mais d'être trop gras comme tous les cochons. — De ce troupeau qui ne trouve que cette auge vide : la lune. (Que dirai-je de la femme, ce printemps inutile pour la troupe de pourceaux et son gardien, puisque le sol n'est pas jonché de glands sous les chênes au printemps.

LA DAME DU LAC

Ô joie), tu pourris, l'enchanteur. L'enchanteur, (je t'entends encore) toi (qui savais tout ce que je sais), toi que j'ai enchanté. Ne me trompe pas, pourrissant dont je devine l'odeur, malgré la pierre qui scelle ton sépulcre. Ne me trompe pas. Tu le sais! les porcs ne vivent pas que de glands.

(L'ENCHANTEUR) POURRISSANT

(Toi que j'aimais, ne parle pas en vain.) Il n'y a pas de rapport du printemps aux pourceaux suivis d'un gardien. Il n'y a pas de rapport de la femme à l'homme et voici le faux syllogisme : c'est que (la femme et l'homme ne se ressemblent pas et) que (leurs enfants leur ressemblent.) Va dans les villes à Orkenise près d'ici ou à Kamalot, cité royale et contemple une famille : époux, épouse et enfant.

L'enfant ressemble à son père.

L'enfant ressemble à sa mère.

Le père et la mère ne se ressemblent pas.

Et pourtant tu es femme et j'étais homme et je le jure, (nous nous ressemblons, parce que je t'ai tout appris, tout ce qui me ressemble. Nous nous ressemblons et n'avons pas d'enfants qui nous ressemblent. Ô toi que j'aimais,) que j'ai déflorée, (tu me ressembles), toi qui n'es plus vierge grâce à moi.

Ici la dame éclata de rire et l'enchanteur pourrissant continua.

(Nous nous ressemblons [...] toi qui me ressembles, tu ressembles aussi) aux (autres femmes), dont les menstrues, sanité du monogame, écœurent les bouchers et les médecins eux-mêmes. La beauté de la femme? Les préférables sont estropiées.

(La dame assise sur la tombe tiède de l'enchanteur) pourrissant, écoutait et (songeait) en même temps, (au printemps qui défleurissait pour finir.)

(L'enchanteur) continua.

Ô (toi que j'aimais, je sais tout ce qui me ressemble et tu me ressembles; mais tout ce qui te ressemble ne me ressemble pas.

Ô toi que j'aimais)! Réponds! satisfais la curiosité d'un mort pourrissant. Comment m'as-tu enchanté? (Te souviens-tu de notre amour, car tu m'aimais? Te souviens-tu de nos tendresses qui étaient l'été pendant l'hiver. Te rappelles-tu? je pleurais) sans sanglots (à tes genoux, d'amour et de tout savoir, même ma mort,) à cause de toi chérie, (à cause de toi qui) ne (pouvais rien savoir.) Et je pourris à cause de toi qui agissais sans but. (Au temps de ma vie pour notre amour je pensais à toi, même pendant les plus terribles crises d'épilepsie, ô toi que j'aimais), ma pourriture t'ignore, ma pourriture — (les vers qui depuis ma naissance, ô temps de la moelle fœtale, patientèrent).

(A cet instant qui était celui où, défleuri, le printemps finissait, la dame du lac pâlit, se dressa) et (souleva) en (hâte) impudique sa tunique blanche, car entre ses cuisses coulait en effet le sang menstruel qui aurait taché le lin immaculé.

Au fond du tombeau, la voix de l'enchanteur gémissait des sons inarticulés. La dame du lac, attristée et sanguinolente, connaissant la mauvaiseté des femmes, à cause des menstrues, s'éloignait (de la tombe; mais la voix de l'enchanteur s'éleva plus forte en une question désespérée d'amour survivant au trépas, une question qui voulait tant une réponse que la dame, à quelques pas du tombeau), s'arrêta (tandis que coulaient) sur ses cuisses avant de s'étaler sur le sol, les gouttes (rouges) de sang épais.

L'ENCHANTEUR POURRISSANT

Dame! pourquoi m'avez-vous enchanté?

LA DAME DU LAC

. . . .
Et (laissant derrière) soi (une traînée) sanglante, la dame du lac (courut) tunique troussée, (sans se retourner. Des pétales feuillolaient, détachés des arbres aux feuillards défleuris en l'attente de fructifier. La dame) quitta la forêt, gagna les bords (de son lac.) Royale, (elle descendit lentement la pente) qui recouvre (l'onde) limpide et s'enfonça (sous les flots danseurs). Elle (gagna son beau palais dormant plein de lueurs de gemmes au fond du lac), tandis que dans la forêt ensoleillée, verte et pleine de chants d'oiseaux l'enchanteur pourrissait. L'entendement de l'enchanteur ne pouvait en croire son ouïe, mais vers le crépuscule pourtant, sa sincérité

lui fit avouer d'une voix caverneuse qui montait étrangement dans la forêt déserte :

« Je ne savais pas, je ne savais pas. En ce cas, moi aussi, oui, moi aussi et c'est presque risible. »

LES MAMELLES DE TIRÉSIAS

Page 105.

* *Ce quatrain figurait dans l'ensemble des six poèmes tel qu'il parut dans* SIC *en juin 1917, mais n'existait pas dans l'édition originale des* Mamelles de Tirésias. *Nous le rétablissons à sa place.*

COULEUR DU TEMPS

Page 185.

* *Un manuscrit de* Couleur du temps *comporte, outre de nombreuses variantes de forme, une version du deuxième acte qui s'ouvre sur les deux scènes que voici, précédant l'actuelle scène I :*

SCÈNE I

La salle du congrès
1er, 2e, 3e, 4e, 5e, 6e Diplomates

PREMIER DIPLOMATE

Nous sommes réunis pour discuter des meilleures conditions

DEUXIÈME DIPLOMATE

Conditions définitives qui assureront une paix éternelle

TROISIÈME DIPLOMATE

Signées le bonheur naît pour l'humanité

QUATRIÈME DIPLOMATE

La nuit se dissipe pour toujours

CINQUIÈME DIPLOMATE

Une route carrossable unit dès lors les continents

SIXIÈME DIPLOMATE

Signons

PREMIER DIPLOMATE

Vous réparerez les maux que votre invasion a causés

DEUXIÈME DIPLOMATE

Du tout Chacun pansera ses plaies

TROISIÈME DIPLOMATE

La guerre ne s'est pas faite chez vous

QUATRIÈME DIPLOMATE

Mettons tout en commun

CINQUIÈME DIPLOMATE

Séparons Messieurs séparons les questions

SIXIÈME DIPLOMATE

Il est question de tout
Territoires finances villes mines navigation monuments altitudes
    aériennes
Nous ne parlons pas Messieurs des individus

PREMIER DIPLOMATE

Ils sont sans importance et les simples esclaves
De grandes paroles collectives

DEUXIÈME DIPLOMATE

Ces grandes paroles désignent des êtres véritables
Patrie nationalités races
Dont l'individu n'est qu'une particule
Que diriez-vous d'une cellule de votre corps
D'un globule de votre sang
Qui ne voudrait pas remplir la fonction pour laquelle il est destiné
Fût-elle de disparaître à un moment donné

TROISIÈME DIPLOMATE

Les grandes paroles insensées qui ne représentent rien
Ce sont les mots de raison et de liberté individuelle

QUATRIÈME DIPLOMATE

Ô paroles terribles
Hors des limites de notre existence
Quelle liberté infinie
N'oublions pas plus les espaces illimités de notre liberté
Que les chaînes réelles de notre esclavage
Mais la raison notre seule force
Ne se résout-elle point finalement comme preuve de notre
faiblesse

CINQUIÈME DIPLOMATE

Nous disons donc que sur les territoires conquis
Les peuples demandent à rester sous notre sauvegarde

SIXIÈME DIPLOMATE

Leurs délégués sont en route pour protester contre toute
annexion

PREMIER DIPLOMATE

Je proteste

DEUXIÈME DIPLOMATE

Je proteste

TROISIÈME DIPLOMATE

Je proteste

SCÈNE II

LES MÊMES, UN HOMME

L'HOMME

Messieurs vous êtes réunis pour discuter de mille choses sociales
Vous êtes les uns pour l'autocratie
Pour d'autres la volonté populaire compte seule

Droit des gens races nationalités
Voilà ce que vous concevez bien et que vos discours mettent
  en valeur
Eh bien écoutez ce que j'ose vous dire
Hors de ces idées par l'application desquelles
Vous voulez imposer à l'homme un bonheur
Que vous ne vous donnez pas la peine d'imaginer afin de l'exa-
  miner
Hors vos États policés ou non
Il naît de la guerre tout un ordre nouveau
Un État un véritable État
Celui de ceux qui se contentent pour toute gloire
De faire partie de l'humanité mais de l'humanité entière
Ils seront comme furent les premiers chrétiens
Prêts à devenir universels
Comme il y a eu une chrétienté
Au temps où les prêtres avaient le droit de ne pas répandre le
  sang
Mais ceux dont je parle ne seront pas des étrangers
Dans le pays de leur âme
Ni de mauvais citoyens

> *A ce moment on entend au loin très assourdie et très lente*
> *toute la fin de la scène III du premier acte à partir de « Mon fils*
> *mon fils est mort » [N. B. : ce qui correspond à « Écoutez mon*
> *fils mon fils est mort » dans le texte définitif].*

Mais périodiquement
Il est nécessaire que les droits humains soient proclamés
Le Christ acquit aux hommes leurs droits spirituels
La Révolution française inventa leurs droits philosophiques
Mais bientôt viendra l'occasion de proclamer
Leurs droits physiques et politiques

> *Le tumulte s'élève peu à peu ; le rideau tombe qu'il dure encore.*

1er D.	2e D.	3e D.
Sortez	C'est un fou	Faites-le sortir
Sortez	C'est un fou	Il n'est pas Diplomate
Sortez	C'est un fou	C'est un imposteur

4e D.	5e D.	6e D.
A la porte	Nous n'admettons pas	Sortez Monsieur
Il est stupide	Nous n'admettons pas	Il est fou
C'est un fou	La chose est un peu folle	Fou à lier
A la porte	Sortez Monsieur	A la porte
A la porte	Faites une demande	A la porte
	Nous l'examinerons	A la porte

En même temps que les Diplomates et le chœur lointain du champ de bataille, l'homme continue dominant tout le tumulte sauf à la fin où les Diplomates et le chœur du champ de bataille continuent seuls dans un tumulte indicible.

Forgez le ciel la mer et la terre
Annexez divisez changez la carte du monde
Il naît une catholicité politique
Qui n'est point fondée sur l'avenir spirituel de l'homme
Mais sur leur intérêt immédiat [sic]
Qui exige que leur tranquillité et leur indépendance
Soit à la hauteur des progrès de l'industrie

Les Diplomates seuls avec le chœur du champ de bataille qui continue. Grand tumulte jusqu'au rideau.

1er D.	2e D.	3e D.
Ah Ah Ah	Au fou Au fou	Hi Hi Hi
Ah Ah Ah	Eh Eh Eh	Hi Hi Hi

4e D.	5e D.	6e D.
Ho Ho Ho	Fsss Fsss	Ké Ké Ké
Huunn	Fsss Fsss	Ké Ké Ké

LA VIE ET L'ŒUVRE
DE GUILLAUME APOLLINAIRE

26 août 1880 : Naissance à Rome de Guillaume de Kostrowitzky
Sa mère, Angélique, est une jeune Polonaise, fille d'un émigré.
Son père, qui ne s'est pas fait connaître, est selon toute vrai-
semblance un ancien officier du royaume des Deux-Siciles,
François Flugi d'Aspermont.

1885 : Abandonnée par Flugi d'Aspermont, Angélique s'installe
à Monaco avec ses deux fils, Guillaume et Albert, ce dernier
né en 1882.

1889-1897 : Études à Monaco, Cannes, puis Nice; en 1896-97,
Guillaume est élève de rhétorique; il n'obtient pas le bacca-
lauréat à la fin de l'année.

Août 1897-décembre 1898 : Vie sans contrainte à Monaco. Lec-
tures abondantes; nombreux essais littéraires.

Janvier 1899 : La famille quitte Monaco; après des séjours à
Aix-les-Bains et à Lyon, elle s'installe à Paris en avril.

Juillet-octobre 1899 : Les deux frères sont à Stavelot, dans les
Ardennes belges, non loin de Spa où leur mère cherche la
fortune. Guillaume découvre un pays nouveau, s'intéresse
aux légendes et aux particularités locales, s'initie au wallon,
conte fleurette à Marie (prononcez Mareye en wallon) Dubois.
Il écrit beaucoup. Le 5 octobre, à l'instigation de leur mère
déjà rentrée à Paris, Guillaume et son frère quittent Stavelot
en cachette sans payer la note d'hôtel.

Fin 1899-août 1901 : Tout en cherchant à gagner sa vie, Guillaume fréquente les bibliothèques parisiennes et travaille intensément.

Printemps 1901 : Déconvenue sentimentale auprès de Linda, la sœur de son ami Ferdinand Molina da Silva.

Août 1901 : Il accompagne en Allemagne, avec un contrat d'un an, la famille de la petite Gabrielle de Milhau, dont il est le précepteur depuis le mois de mai. Séjours sur la rive droite du Rhin à Honnef et dans la résidence de Mme de Milhau, Neu Glück, près d'Oberpleis. Dès les premières semaines de son arrivée, il écrit de nombreux poèmes et des textes en prose. Il est amoureux de la miss de son élève, la blonde Anglaise Annie Playden.

15 septembre 1901 : Ses premiers poèmes imprimés, *Lunaire*, *Épousailles* et *Ville et cœur*, paraissent dans *La Grande France*.

Février-mai 1902 : Long voyage en Europe centrale : Berlin, Dresde, Prague, Vienne, Munich, l'Allemagne du Sud.

Mars 1902 : Son conte *L'Hérésiarque* paraît dans *La Revue blanche*, signé Guillaume Apollinaire. Collaboration régulière à cette revue jusqu'à sa disparition en avril 1903.

Mai-août 1902 : Fin du séjour en Allemagne. Annie le repousse et il souffre de son refus.

Octobre 1902 : De retour à Paris, Apollinaire est employé de banque. Il est plein de projets littéraires et collabore à *L'Européen*.

Printemps 1903 : Il fréquente les soirées de *La Plume*; il y rencontre notamment Alfred Jarry et André Salmon. *La Plume* publie deux de ses poèmes, le 1er mai et le 1er août.

Novembre 1903 : Premier numéro du *Festin d'Ésope*, revue qu'il a fondée avec quelques amis et qui paraîtra régulièrement chaque mois jusqu'en août 1904.

Voyage à Londres dans l'intention de reconquérir Annie, qui ne se laisse pas fléchir.

1904 : La famille Kostrowitzky s'installe au Vésinet. Apollinaire rencontre Derain et Vlaminck à Chatou.

Mai 1904 : Second voyage à Londres. Rupture définitive avec Annie, qui part pour l'Amérique.

1905 : Rencontre avec Max Jacob et Picasso.

Mai 1905 : Article sur *Picasso peintre* dans *La Plume.*

Décembre 1905 : Premier numéro de la revue *Vers et prose,* à laquelle il collabore.

15 avril 1907 : Apollinaire s'installe à Paris rue Léonie.

Mai 1907 : Il rencontre Marie Laurencin.

Juillet-décembre 1907 : Apollinaire, qui a abandonné son emploi, vit de sa plume. Intense activité journalistique. Deux romans érotiques, *Les Mémoires d'un jeune don Juan* et *Les Onze Mille Verges.*

Novembre 1907 : Début de sa collaboration à *La Phalange,* qui durera jusqu'en avril 1909.

25 avril 1908 : Conférence sur la jeune poésie au salon des Indépendants : *La Phalange nouvelle.*

Janvier 1909 : Apollinaire commence à publier aux *Marges* des articles (bientôt suivis de poèmes) qu'il signe Louise Lalanne; cette mystification ne sera révélée qu'à la fin de l'année. Il donne aussi à cette revue sa série des *Contemporains pittoresques.*

1er mai 1909 : *La Chanson du mal-aimé* dans le *Mercure de France.*

Juillet 1909 : Publication de *L'Œuvre du marquis de Sade* dans la collection des « Maîtres de l'amour », à laquelle il collaborera régulièrement jusqu'en 1914, ainsi qu'à la collection voisine du « Coffret du bibliophile ».

Octobre 1909 : Apollinaire s'installe à Auteuil.

Novembre 1909 : Publication de *L'Enchanteur pourrissant.*

1910 : Entrée à *L'Intransigeant.* Publication d'une anthologie, *Le Théâtre italien,* dans l' « Encyclopédie littéraire illustrée ».

Octobre 1910 : Publication de *L'Hérésiarque et Cie.*

Mars 1911 : Publication du *Bestiaire ou cortège d'Orphée.*

1er avril 1911 : Première *Vie anecdotique* dans le *Mercure de France.* Il tiendra jusqu'à sa mort cette chronique créée pour lui.

7-12 septembre 1911 : Incarcération à la Santé sous l'inculpation de recel dans l'affaire des statuettes volées au Louvre par Géry Pieret, qui avait été déclenchée par le vol de la Joconde.

Février 1912 : Premier numéro des *Soirées de Paris,* revue fondée sur l'intiative d'André Billy. *Le Pont Mirabeau* dans ce numéro.

Juin 1912 : Marie Laurencin l'abandonne et refuse toute réconciliation. Crise morale et sentimentale.

Décembre 1912 : *Zone* dans *Les Soirées de Paris.*

Janvier 1913 : Apollinaire quitte Auteuil pour l'appartement qu'il gardera jusqu'à sa mort, 202, boulevard Saint-Germain. Il s'intéresse de plus en plus à l'avant-garde littéraire et artistique. Il va à Berlin avec Robert Delaunay pour une exposition de ce dernier ; le catalogue s'ouvre sur le poème *Les Fenêtres.*

Mars 1913 : Publication des *Peintres cubistes.*

Avril 1913 : Publication d'*Alcools* et d'un volume presque entièrement rédigé par René Dalize, mais signé Guillaume Apollinaire, *La Rome des Borgia.*

29 juin 1913 : *L'Antitradition futuriste,* manifeste pour Marinetti.

Novembre 1913 : Après une brève éclipse, *Les Soirées de Paris* reparaissent, plus résolument orientées vers l'art nouveau.

Mars 1914 : Publication de *La Fin de Babylone ;* l'année suivante paraîtra *Les Trois don Juan.*

Juin 1914 : Premier calligramme : *Lettre-océan,* dans *Les Soirées de Paris.*

Septembre 1914 : Apollinaire, qui a l'intention de s'engager, est à Nice. Il rencontre Louise de Coligny-Châtillon.

5 décembre 1914 : Après une démarche au bureau du Recrutement, il est affecté au 38e régiment d'artillerie de campagne à Nîmes et rejoint immédiatement son corps.

7 décembre : Louise de Coligny-Châtillon — Lou — qui jusqu'alors a repoussé ses avances avec une coquetterie ambiguë, va le retrouver à Nîmes et passe une semaine avec lui.

Janvier-mars 1915 : Apollinaire poursuit à Nîmes son instruction militaire. Il est déçu par Lou, qui le laisse sans espoir. Ils continueront néanmoins de s'écrire, jusqu'en janvier 1916.

4 avril 1915 : Départ pour la Champagne ; nommé brigadier quelques jours après son arrivée sur le front.

15 avril : Il écrit à une jeune fille rencontrée dans un train le 2 janvier, Madeleine Pagès. C'est le début d'une correspondance qui prendra rapidement un tour tendre (elle a été publiée sous le titre *Tendre comme le souvenir*).

Juin 1915 : *Case d'armons*, tiré à 25 exemplaires sur gélatine.

10 août : Apollinaire demande à Mme Pagès la main de sa fille et il est agréé comme fiancé.

24 août 1915 : Nommé maréchal des logis à compter du 1er septembre.

20 novembre 1915 : Muté dans l'infanterie sur sa demande avec le grade de sous-lieutenant; affecté au 96e régiment de ligne en position sur le front de Champagne.

26 décembre 1915-10 janvier 1916 : Permission à Oran dans la famille de Madeleine.

9 mars 1916 : Publication du décret accordant à Apollinaire la nationalité française.

17 mars 1916 : Remonté en première ligne le 14, il est blessé le 17 d'un éclat d'obus à la tempe droite.

Avril 1916 : A l'hôpital italien du quai d'Orsay.

9 mai 1916 : Trépanation.

Octobre 1916 : Publication du *Poète assassiné*. Apollinaire, qui s'est remis lentement des suites de sa blessure, reparaît dans les milieux littéraires.

23 novembre 1916 : Dernière lettre à Madeleine, qu'il a délaissée depuis sa blessure.

1917 : Apollinaire voit les jeunes poètes se grouper autour de lui; Pierre Albert-Birot, Pierre Reverdy, Philippe Soupault, André Breton le considèrent comme le maître de la génération nouvelle.

18 mai 1917 : Première de *Parade*; le texte du programme est d'Apollinaire.

24 juin 1917 : Représentation des *Mamelles de Tirésias*.

Novembre 1917 : Publication de *Vitam impendere amori*.

26 novembre 1917 : Conférence sur *L'Esprit nouveau et les poètes* au Vieux-Colombier.

Avril 1918 : Publication de *Calligrammes.* En 1918 paraît aussi
  Le Flâneur des deux rives.

2 mai 1918 : Mariage de Guillaume Apollinaire et de Jacqueline
  Kolb, la « jolie rousse ».

9 novembre 1918 : Mort d'Apollinaire, atteint depuis quelques
  jours par la grippe espagnole. Il travaillait à la représentation
  de sa seconde pièce, *Couleur du temps,* qui aura lieu le 24 novem-
  bre, et à la mise au point d'un roman, *La Femme assise,* qui
  devait paraître en 1920.

DERNIÈRES PARUTIONS

Ce volume,
le quatre-vingtième de la collection Poésie,
a été achevé d'imprimer sur les presses
de l'Imprimerie Bussière à Saint-Amand (Cher),
le 8 janvier 1992.
Dépôt légal : janvier 1992.
1ᵉʳ dépôt légal dans la collection : février 1972.
Numéro d'imprimeur : 132.

ISBN 2-07-031948-2./Imprimé en France.

55202